# BUSINESS

## &

# BULLDOZER

## EN QUÊTE D'UNE VIE LIBRE ET RÉUSSIE

RUDY N.A.

Édition de Décembre 2022 par Rudy N.A.

ISBN : 978-2-9586229-0-9

# SOMMAIRE

## LA CRÉATION

Toute ma vie, j'ai ressenti cette passion créatrice brûler en moi. Cet intérêt de créer continuellement de nouvelles choses, d'essayer, d'apprendre, de faire évoluer, mais surtout de comprendre et d'y arriver. Chaque sujet que j'abordais, même succinctement, devait toujours aboutir à un résultat concluant. En fait, à chaque fois que j'évoluais dans un nouveau milieu, il fallait toujours que la panoplie nécessaire à chaque écosystème soit complète pour atteindre, à mon humble niveau, un sentiment de réussite et d'accomplissement.

Le seul univers qui n'a jamais réussi à me convaincre et à me passionner fut mon parcours scolaire obligatoire. Un supplice pour un esprit créatif, emprisonné et bridé par des contraintes sur les rails d'un chemin déjà bien usé par mes prédécesseurs. Devoir suivre mécaniquement un cursus avec des œillères fut pour ma part un véritable calvaire. Un esprit libre auquel on a essayé d'implémenter des idées bornées et à qui on a tenté de donner des clés rouillées pour espérer faire de moi un instrument au service d'un tiers, contraint d'emprunter une voie qui ne me ressemble pas.

Comment peut-on se soumettre à cette soi-disant opportunité pour réussir dans la vie lorsque tout ce que l'on apprend et oublie tout aussi vite doit devenir la normalité pour son avenir ?

Et bien, en promettant à sa mère d'obtenir au minimum un BAC avant de pouvoir s'émanciper professionnellement comme bon nous semble… Merci Maman, car j'ai pris cette charge mentale comme un challenge auquel je n'avais d'autre choix que de te prouver ma volonté d'y parvenir, et cela, afin de te rassurer avant de prendre mon envol librement vers ce qui me passionnait vraiment. Ce ne fut peut-être pas le plus beau des cadeaux, mais le moindre que je puisse faire pour toi.

Cela dit, je pense que cette étape a certainement révélé les prémices d'un caractère relevant les défis à tout prix. Avec le temps, c'est devenu un trait de ma personnalité qui, même dans la souffrance, à su me prouver que la détermination liée à des objectifs viscéraux mène toujours, d'une manière ou d'une autre, à des résultats "satisfaisants".

C'est donc en écrivant ces premières lignes que je m'aperçois que c'est ici que débute une aventure palpitante, à l'orée des sentiers battus, sur lesquels j'ai décidé de me frayer un chemin à coup de rouleau compresseur, à coup de BULLDOZER, quoi qu'il arrive…

Cet ouvrage va vous embarquer dans l'état d'esprit d'un mec normal, né d'une famille normale, avec des moyens normaux et sans artifice, dans un environnement on ne peut plus classique, mais disposant d'ambitions prêtent à briser tous les plafonds de verre.

Si vous êtes de ceux qui cherchent à se construire en partant de rien, à se développer de façon exponentielle, en quête d'une force de persuasion personnelle, désireux de faire voler en éclat les barrières mentales que l'on vous a inculquées depuis toujours et lever les freins avec lesquels ont a tenté de vous manipuler ; alors cet ouvrage vous ouvrira les yeux et vous fera gagner un temps précieux. Qu'il puisse vous impacter comme j'aurais souhaité en savoir davantage mais plus tôt, pour que vous puissiez affronter avec brio tous les défis professionnels que la vie vous demandera de relever.

C'est ici, avec les tripes et le cœur, que je vais vous partager les clés d'un monde dans lequel vous pourrez aisément vous projeter, avec la vision d'un avenir plein de succès et de réussites.

En vous partageant mon point de vue et ma manière d'agir, je sors maintenant de ma zone de confort. En relevant ce nouveau défi, je vais vous démontrer, quoi que vous en pensiez, que rien n'est impossible. Que lorsque vous avez l'intime conviction que vous avez une pierre à poser sur l'édifice de ce monde pour l'améliorer, vous vous devez d'y contribuer. Chacun possède ce droit, tout le monde en est capable. Nous vivons dans une ère d'opportunités où les contraintes à l'entrée sont quasi inexistantes, où seules vos prises d'initiatives feront sens.

Loin d'être l'almanach de la réussite, un dogme à suivre à la lettre, ou la recette d'un élixir de succès ; ce livre est ici pour délivrer un état d'esprit qui n'a pas de limites ni aucunement de fin. Conçu à partir de rien pour vous aider et développé par l'expérience d'une vie sur huit milliards, il aura le mérite d'avoir été partagé pour agrémenter celles qui, comme moi, n'ont pas eu cette "chance" de pouvoir s'appuyer sur les épaules d'un mentor physiquement présent pour soi.

Utilisez ce livre comme un axe de réflexion construit sur 36 ans d'existence, plus de 10 ans d'entrepreneuriat, et 5 années d'une réelle prise de conscience, de tests et d'expériences, pour préparer votre esprit à être dirigé vers vos objectifs. Imaginez cet ouvrage comme la vision d'un sniper n'ayant plus qu'une cartouche, concentré et déterminé à ne se laisser d'autres choix que de toucher sa cible. Cette cible où est écrit le mot "RÉUSSITE".

Les chapitres que vous suivrez vous démontreront qu'il existe toujours un moyen d'obtenir les résultats escomptés. Que là où il y a un problème, il y a toujours une solution. Mais qu'on ne construit jamais un building sur des sables mouvants…

Il faudra se forger une âme de guerrier, un gros bouclier, s'y accrocher et chercher au plus profond de votre être la force d'encaisser les chocs sans jamais reculer. La passion et l'obsession seront les maîtres-mots - agir, une religion. Le mot "flemme" sera à bannir et une procrastination mal placée sera à vos risques et périls. La peur se transformera en énergie créatrice et le doute vous fera entrer dans une introspection pour retrouver le pourquoi vous en êtes ici aujourd'hui. "Rien ne se perd, tout se transforme", et ce sera valable pour vous aussi. Vous n'aurez plus l'opportunité de vous égarer dans les limbes d'un monde qui change sans réagir. Il faudra se secouer pour s'adapter et agir continuellement pour ne pas perdre le fil de votre vie rêvée. Ces pages ont été écrites pour que votre vie idéale ne reste plus au stade d'utopie, mais qu'elle se (re)construise avec la volonté de gagner. Des conseils en toute humilité, de la motivation et du développement personnel, chaque étape vous apportera une part de ce qui me semble être nécessaire pour se (re)lancer en étant prêt et conditionné à tout surmonter.

Puissent ces quelques lignes rebooster votre motivation, votre persévérance et le goût d'accomplir de grandes choses, quel que soit l'endroit d'où vous partez, d'où vous venez, qui que vous soyez et où vous souhaitez aller. Il n'y a pas de bien né ou de mal né, nous méritons tous de grandir humblement et de réussir quel que soit notre environnement. Je veux juste vous partager ce qui me fait vivre et me donne l'énergie pour me surpasser, ce qui me fait passer massivement à l'action quotidiennement afin de toucher du doigt mes rêves de liberté et d'épanouissement.

C'est là qu'un jour j'espère nous nous rencontrerons, non sans avoir traversé des torrents de difficultés, des vagues de douleurs et des tonnes de problèmes, mais que nous nous amuserons à relater nos histoires en souriant, rigolant fièrement de chaque cicatrice qui fera de nous les personnes les plus heureuses et accomplies de ce monde.

*Que la Force soit avec vous.*

# CHAPITRE 1

## L'EFFET BIG BANG

**B**oom ! La révélation. Je réalise que de nos dix doigts et sans la permission de personne, la possibilité de travailler seul à partir d'une idée émergeante était concevable et surtout applicable. Qu'il est possible de mettre en œuvre, sans autorisation, une simple idée qui peut apporter de la valeur au monde et dans ma poche, juste en se rendant compte que construire une carrière en autodidacte n'est finalement pas réservé qu'à une élite, mais à portée de tous. On ne naît pas patron ? Et bien non, on peut le devenir à notre bon vouloir et sans prétention.

Merveilleuse illumination lorsque l'on vient d'une tribu de salariés, plus ou moins heureux de partir au travail chaque matin, dépendants des horaires qu'on leur impose à l'année.

"Ah bon, je ne suis pas obligé de postuler pour espérer gagner ma vie ? Je peux faire vraiment ce que je veux, quand je veux, si je veux ? Fantastique !"

Nous voici donc dans les prémices d'un avenir sans limite. Car oui, lorsque vous considérez le fait que tout ce qui ressort de votre imagination a le potentiel de se construire et prendre vie, de se développer et exister grâce à vos talents et vos expériences, vous entrez littéralement dans un nouveau monde : l'entrepreneuriat.

Rien ne vous arrête, les seules limites sont celles que vous vous fixez. Évidemment, votre niveau de connaissance peut vous ralentir, mais uniquement vous ralentir ! Nous avons cette chance aujourd'hui de vivre avec des outils pouvant nous apporter toutes les informations utiles à notre déploiement ! Plus de doute, plus d'excuse, tout ce que nous avons besoin de savoir est largement mis à notre disposition dans les livres ou sur  internet ! N'importe qui peu dorénavant apprendre n'importe quoi. N'en desservent à plus d'un d'en faire bon usage sans tomber dans les limbes des ramassis de conneries que l'on tente de nous faire consommer pour nous faire  dévier ! Si intelligemment utilisés, tous ces précieux outils deviennent d'un coup une véritable mine d'or et d'argent à qui souhaite en obtenir. Nous sommes ici vers l'année 2010 et je découvre une nouvelle façon d'entrer dans "la grande réalité" de ce monde.

Cette prise de conscience a eu l'effet d'une bombe dans ma tête. C'était comme tirer une grande ligne droite prématurée vers le succès et la réussite. Des étoiles plein les yeux, c'était sans compter le vide de chaque côté de ce chemin soi-disant tout tracé. Car évidemment, comme tout nouvel entrepreneur ambitieux, et je dirais même fougueux, l'impatience vous met des œillères sur les dangers de se précipiter sans s'y être préparé.

Armé de rêves et de courage, il n'était dans tous les cas plus question de faire machine arrière. Le BIG BANG avait éclaté les barrières du champ des possibles et l'univers créateur de mon cerveau à commencé à réunir les pièces d'un puzzle que mon être avait toujours imaginé.

Là où le vide s'installe dans ma tête, devient une opportunité d'y placer une nouvelle information, une nouvelle découverte, un challenge et un défi à relever, un problème à régler, quelque chose à apprendre pour construire et solidifier ce pont vers mes objectifs premiers : la liberté et l'épanouissement.

Le schéma de construction de notre vision idéale de ce que nous voulons entreprendre a tendance à se dessiner rapidement dans notre esprit lorsque l'on débute dans cette voie. On imagine rapidement la finalité des choses sans penser au parcours et aux obstacles à franchir. On s'éparpille, on se disperse, on fait du mieux que l'on peut, quitte à s'épuiser prématurément. On veut tout ou trop en faire sans avoir pris le temps de s'organiser convenablement, mais la motivation est là, plus forte que jamais, donc on y va et on ne flanche pas. Il est vrai que peu de choses nous arrêtent, même si la présence d'esprit de commencer par le bon bout serait nécessaire afin de gagner du temps, voire de l'argent... mais une fois que l'idée est claire et bien pensée, il n'y a plus qu'à véritablement foncer ! D'où l'intérêt de bien s'y préparer.

*"Si j'avais 8 heures pour couper un arbre, je passerais 6 heures pour aiguiser la lame."* - Abraham Lincoln.

Quelle joie, quelle bonté ce sentiment de liberté !

Loin de moi l'idée de ne pas dire que cela peut paraître effrayant de se jeter vers l'inconnu, de se sentir en roue libre, livré à soi-même, ne pouvant s'accrocher qu'à ses ambitions et ses rêves. Mais si vos objectifs sont clairs, et que votre "Pourquoi" est fort, vous ne pourrez jamais douter de vos capacités à entreprendre. Vous ne remettrez jamais vos projets en question, et viserez toujours de près ou de loin votre plus bel objectif.

### Pourquoi cet effet ?

D'ailleurs, en parlant du "Pourquoi" : vous êtes-vous déjà posé cette question ?

Pourquoi désirez-vous tant passer à l'action chaque jour ? Pourquoi sentez-vous la nécessité de remuer ciel et terre pour vous mouvoir dans un monde si voué à l'indépendance ? Quelles sont vos motivations et vos convictions pour vous lancer dans ce nouveau projet ? Quelles sont ces raisons profondes qui vous ont mené jusqu'ici avec cette idée de vouloir changer votre avenir et faire bifurquer votre chemin de vie ?

Toutes ces questions que j'ai dû soulever pour me convaincre que là était la clé de ma liberté d'expression, pour un avenir que je pensais si simple et si radieux. Je me voyais déjà prématurément en haut de la montagne, fier d'avoir accompli de nombreuses prouesses pourtant très loin d'être accomplies. Je gardais donc en tête mon "Pourquoi" ; celui qui m'a fait dire qu'il était hors de question pour moi que je sois enchaîné à une unique fonction, à un post sans conviction, à un cadre sans grande vision. Je voulais pouvoir garder ma liberté de choisir, proposer mes services sans entrer dans un moule que je n'aurais pas construit. Je pense qu'en fait, je ne voulais rendre de compte à personne d'autre que moi-même. Que la personne à laquelle je fais le plus confiance n'est autre que mon moi le plus profond, cette part sub-consciente qui assume ses faits et gestes pour finalement n'en révéler et n'en proposer que le meilleur dans ce monde. Je savais que personne d'autre ne m'apporterait cela sur un plateau, et c'est ce feu salvateur qui suivit ce BIG BANG qui fit de moi ce que j'aime encore à ce jour : donner vie à mes pensées.

## Trouver la raison de son "Pourquoi"

Il est vrai qu'à côté de cela les mots richesse et abondance sont des termes que j'entends souvent de la part d'entrepreneurs en herbe. Malheureusement, ces personnes se sont vite rendu compte que cela ne faisait pas tout, mais surtout qu'il n'était pas aussi aisé d'y parvenir sous prétexte de leur statut d'indépendant. On s'aperçoit qu'à tort ou à raison le monde recherche de prime à bord ces mots qui font rêver. Effectivement, à quoi bon dépenser tant d'énergie si celle-ci ne finit pas par un sentiment de réussite économique ? Fondamenta-lement, on ne travaille pas pour la gloire et la renommée, bien que j'ai pu en rencontrer qui y ont succombé, faisant finalement des choses sans intérêt ou véritable valeur à leurs yeux, à part pour assouvir leur unique désir nombriliste et égocentrique de briller en société. Ces gens finissaient par obtenir ce qu'ils voulaient, mais au final détestaient ce qu'ils faisaient, catalogués dans leur activité, au point de s'en rendre malade à crever. Pourquoi ? Parce que leur activité avait fini par fonctionner et les enfermer dans leur prison dorée.

Penser de suite à la résultante d'actes bien entrepris sans s'être au préalable demandé "Pourquoi" en avoir la profonde nécessité, n'attire les gens que dans leur propre piège et fini par ne plus les lâcher et les faire tomber.

Effectivement, on parle souvent d'argent dans l'entrepreneuriat. Le nerf de cette guerre que l'on dispute avec courage pour s'en sortir, bravant vents et marées pour espérer s'en libérer et ne plus en faire quelque chose d'essentiel - et pourtant le temps nous fait dire que, malgré l'enthousiasme et l'intérêt qu'on lui porte, on découvre que l'argent n'est finalement qu'un outil de liberté et non une finalité, une énergie permettant de tout amplifier…même les personnalités…

Au-delà de tout, et même si l'entrepreneuriat peut vous apporter cet argent de par ses principes libres et évolutifs, j'ai pu comprendre dès mes débuts qu'il était absolument nécessaire de commencer par trouver son "Pourquoi". Ce "Pourquoi" nous désirons tant être indépendant avant même de penser à l'argent. Pourquoi voulons-nous nous lancer corps et âme dans ce genre d'aventure ? Pourquoi souhaitons-nous tant mettre en œuvre ce projet qui nous tient à cœur et que nous espérons tenir sur le long terme ?

Car effectivement, penser long terme est une des devises primordiales que vous retrouverez chez bon nombre d'entrepreneurs à succès. Même si tout éclate dans votre tête lorsque vous débutez, quand vous découvrez le potentiel merveilleux de l'entrepreneuriat, c'est en gardant les pieds sur terre sans vous précipiter et en préparant cette vision de l'avenir sur du long terme que vous pourrez sereinement vous émanciper.

Faire du cash rapidement, c'est bien, mais prendre le temps de créer des bases solides, c'est encore mieux si vous souhaitez pérenniser vos affaires. Rien de fondamentalement solide n'admet pouvoir reposer sur quelque chose qui ne l'est pas. Quel que soit ce que vous souhaitez faire dans la vie, si la structure de ce que vous construisez n'est pas stable ou vraiment scellée, elle résistera peut-être un temps, mais vous pouvez être sûr qu'elle finira un jour par s'effondrer. C'est pourquoi assurez-vous avant toute chose de bien instaurer les bases de ce que vous entreprenez avant même de vous mesurer au premier étage que vous souhaitez ajouter. Ce sont elles qui feront que quoi qu'il arrive, tout pourra être construit ou reconstruit et tenir bon dans le temps. Ce sera le point d'ancrage qui alignera tout ce que vous entreprendrez et sur lequel vous pourrez vous appuyer. N'allez donc pas trop vite en besogne, vous risqueriez d'en brûler des étapes…

*"Patience est mère de toutes les vertus."*

Avoir un "Pourquoi" fort associé à une vision long terme ne vous aidera donc pas seulement à atteindre vos objectifs, cela vous permettra également de garder la motivation tout au long du processus vers la réussite. Si vous pensez long terme, vous garderez foi en vous et vous garderez la force de surmonter tous les obstacles qui tenteront de se mettre en travers de votre chemin ou qui essaieront de vous faire trébucher. Et ce "Pourquoi" vous rendra en quelque sorte inarrêtable. Il vous propulsera, il vous motivera, vous focalisera et vous lèvera chaque matin. Ce n'est donc pas rien de s'y atteler sérieusement, car c'est finalement ce qui vous animera et vous donnera toute l'énergie nécessaire et la force de ne jamais rebrousser chemin.

## Son "Pourquoi" comme mission

Attention : ne confondez pas le "Pourquoi" avec vos objectifs ! Un objectif est une étape ou une tâche à accomplir - il peut se multiplier, se diviser, mais reste clair, établi et quantifiable.

Un "Pourquoi" est une raison de vivre, une raison de passer à l'action, une raison d'être ce qu'au fond, nous sommes et de faire en sorte d'apporter clairement notre contribution et la nécessité qui s'y rattache. C'est la valeur que nous souhaitons apporter à ce monde dans lequel nous vivons. Votre "Pourquoi" doit être viscéral et non subjectif. Encore une fois, la matérialité, c'est bien, mais si cela peut être émotionnel, c'est encore mieux !

C'est pourquoi une bonne motivation avec un "Pourquoi" bien ancré dans votre conscience, vous permettra de ne jamais vous confronter aux problèmes, mais de toujours imaginer les solutions, car dites-vous que "s'il y a une solution à tous les problèmes, c'est qu'il n'y a finalement pas de problèmes, mais bien que des solutions". Cela vous évitera très certainement de ramener avec vous tout le lot de casseroles du passé professionnel ou personnel que vous avez connu et vous permettra de repartir sur de bonnes bases avec un état d'esprit solide, prêt à déplacer des montagnes pour réussir.

## Quelle valeur je souhaite apporter à ce monde ?

Si la réponse est : "je veux faire comme lui ou comme elle parce que ça a l'air cool et ça a plutôt l'air de bien marché", alors je vous suggérerais de continuer à chercher plus loin et plus sérieusement, car par expérience, ça ne vous mènera pas au raisonnement nécessaire pour trouver la force de ne pas relâcher cette joie et cette impatience que vous avez à commencer à vivre pour ce que vous désirez vraiment. On appelle ça "le syndrome de l'objet brillant" - Mais je pense que l'on aura l'occasion d'y revenir plus tard dans ce livre, et vous verrez que l'herbe n'est pas forcément plus verte ailleurs.

Bon, cela dit, et pour annihiler aussi toute pensée négative, il va donc être tout aussi important de faire une liste de ce que vous ne voulez plus - quitte à l'écrire pour la proscrire et la brûler pour l'oublier ! Car quand on décide de prendre cette voie, on choisit aussi les problèmes qui vont avec ! L'effet **BIG BANG**, c'est aussi être prêt à en prendre plein la tête et concevoir que plus vous verrez grand, plus l'équilibre des problèmes en sera tout autant - d'où la nécessité de faire table rase du passé pour repartir du bon pied. Repartir les idées claires sans avoir à se soucier de ce que vous traînez. Que ce soit le fait de fuir une situation, de fuir une déception, de fuir le salariat, de fuir un environnement, de fuir ce qui n'est, en gros, plus tolérable pour vous !

C'est aussi un très bon déclencheur de motivation et une excellente raison de prendre conscience qu'il est temps que ça change.

### Le choix de l'effet

C'est pourquoi je suis devenu entrepreneur : il était hors de question que je parte en direction du salariat, en quête d'une âme charitable qui définira pour moi les limites de ma mission de vie. Je venais de découvrir que j'étais capable de ne compter que sur moi, que j'avais un potentiel qui ne demandait qu'à être libéré, qu'un déclic avait retenti et que ce n'était donc pas demain la veille que je ferais comme tout ce que j'avais connu jusqu'à ce jour. Je pense qu'inconsciemment, il fallait que je trouve une solution pour ne pas tomber dans ce piège et que malgré les opportunités à ma portée, mais aussi mon vécu, il était vital pour mon avenir que je puisse profiter de cette effusion d'idées.

Étant plus jeune, j'ai fait des études dans les métiers de l'électricité, en apprentissage qui plus est, mais je savais pertinemment que ce n'était pas ma voie et encore moins ce que je souhaitais pour mon avenir. Je travaillais avec des gars qui étaient passionnés de schémas électriques, mais alors moi…

Je pense que déjà au fond, je ne voulais pas être un numéro de série sur une liste, mais bien un électron libre pouvant schématiser mes propres pensées. Mais c'était clair et je savais pourquoi. Ce n'est pas pour autant que j'ai coupé les ponts avec ces gens-là ou dénigré quoi que ce soit. Au contraire, celà m'a permis de rencontrer des personnes formidables, mais surtout d'avoir pu me rendre sur des lieux atypiques et difficilement accessibles à tous. De grandes centrales électriques où le courant couvrait le son de notre voix, de gigantesques paquebots en constructions à la pointe de la technologie. À dix-huit ans, cela reste très impressionnant.

La finalité aura été tout de même : "Ok, j'aurais appris des choses, cela ne restera qu'une ligne d'expérience de plus sur mon CV, mais c'est tout. J'ai vu, j'ai fait, maintenant "next", on passe à autre chose".

Même si cela m'a appris à bricoler chez moi sans tout faire sauter, je ne me serais pas vu en faire une vocation.

## Toujours aller de l'avant

Nous sommes donc tous passés par ces phases que nous aurions souhaité faire différemment, espérer ne pas connaître, préférer choisir ou voulu éviter - mais dites-vous que ce sont toutes ces expériences qui font ce que vous êtes aujourd'hui ! Elles viennent des décisions que

VOUS avez prises et c'est à vous, maintenant, d'en faire une force pour mener à bien les nombreux challenges et défis que vous rencontrerez à l'avenir. Il est toujours temps que ça change ! Rien n'est figé, tout peut toujours être bousculé. Vous êtes le déclencheur de vos projets et il est maintenant l'heure que les choses bougent ! Il serait, à mon sens, éperdument égoïste de ne pas faire profiter le monde de ces expériences qui vous rendent unique !

Il y aura certainement toujours meilleur que vous, mais ne vous comparez jamais aux autres. Vous ne réinventerez pas la roue, mais pouvez faire en sorte qu'elle roule mieux que les autres. Vous êtes aujourd'hui UNIQUEMENT en compétition avec vous-même, et c'est d'ailleurs la seule compétition que vous devez mener : vous contre vous.

Prenez le temps de vous analyser et demandez-vous juste si vous êtes meilleur qu'hier, qu'il y a une semaine, ou le mois dernier, car je vous garantis que l'on évolue tous ! Nous apprenons et évoluons tous en permanence, mais souvent, on a tendance à ne pas s'en apercevoir. Et quel que soit le temps que vous mettrez, le principal étant toujours d'avancer.

Alors n'attendez pas qu'on vous prenne par la main pour vous dire d'agir, de passer à l'action, d'arrêter de procrastiner et de remettre tout au lendemain. Si vous souhaitez prendre ce chemin, faites-en VOTRE aventure, VOTRE mission, VOTRE fierté, celle qui ne pourra pas vous faire regretter de ne pas avoir ne serait-ce qu'essayer. Vous pouvez vivre avec des remords, mais jamais avec des regrets. C'est comme ça, la vie en a voulu ainsi, mais le temps présent ne cherche qu'à vous faire aller de l'avant.

*"Vous êtes et serez toujours la clé de votre réussite."*

On peut rêver de grandes choses, on doit rêver de grandes choses pour avancer et se convaincre que ça va marcher, mais personnellement, je ne connais aucun entrepreneur qui a réussi sans s'être retroussé les manches et fait les choses en conséquence. Mais ce n'est pas tout et surtout, ça ne fait pas tout !

Entreprendre ça demande des connaissances, une expertise, du perfectionnement, d'apprendre tous les jours et d'agir en conséquence, mais aussi d'être organisé et rigoureux dans les actions à mettre en place. On ne vous demande pas de tout savoir tout de suite, d'être une personne irréprochable dès le début, mais déjà de trouver dans un premier temps le juste-milieu qui vous permettra de prendre du plaisir dans ce que vous faites, dans ce que vous offrez, dans ce que vous présentez et de transpirer la passion démontrant votre source de motivation au quotidien.

N'ayez pas peur que ce **BIG BANG** vous pète à la tête, c'est plutôt une bonne chose que de ressentir cette adrénaline monter en vous. Nombreux sont ceux qui ont réussi en partant de rien, alors pourquoi pas vous ? Nous avons tous en nous cette face cachée de l'entrepreneuriat, cette particularité de prendre des initiatives et des décisions qui payent d'une manière ou d'une autre.

J'insisterai donc sur le fait de trouver votre source d'inspiration, votre motivation première, l'équilibre entre ce que vous êtes et ce que vous voulez devenir dans le futur, tout en utilisant le passé comme le réacteur d'un dragster, cet engin monstrueux qui ne sait pas faire demi-tour - qui mènera vos ambitions jusqu'au succès à toute vitesse, propulsant votre **BIG BANG** vers de nouvelles stratosphères. Et puis à un moment vous vous retournerez, vous verrez au loin vos débuts, et vous prendrez conscience de votre évolution ainsi que du chemin parcouru.

N'oubliez jamais d'où vous venez ni d'où vous partez et réalisez à quel point vous avez progressé. Cette prise de conscience m'a appris à devenir meilleur avec le temps et reconnaissant envers moi-même d'avoir osé, là où rien n'était gagné d'avance.

C'est de là que j'ai pu prendre ce sentiment comme une évidence, de lancer ma carrière d'entrepreneur, sans connaître le sens de ce mot "entreprendre". Mais je savais pourquoi je le faisais. J'ai donc pris la décision de franchir cette étape audacieuse qui allait, pour sûr, changer ma vie.

# CHAPITRE 2

## UNE SOURCE INTARISSABLE

Toute cette émulsion de questions/réponses qui rebondissaient littéralement dans mon crâne. Ces multitudes de révélations qui m'ont fait plonger dans un océan d'ouvrages qui me paraissaient tous plus occultes les uns que les autres, mais d'une richesse tellement évidente. Tant de connaissances à portée de main dont personne ne m'avait soumis l'existence et qui pourtant était là, sous mon nez, depuis de nombreuses années. Les idées fusaient, et l'envie constante d'apprendre et d'essayer de mettre en application a réveillé en moi cette source d'énergie intarissable qui ne souhaitait qu'une chose : viser le summum de mes capacités physiques et intellectuelles et mettre en œuvre tout ce qui se révélait à moi. Seul le temps que je pouvais me permettre d'y consacrer était un frein pour en apprendre toujours plus.

C'est à l'orée d'une carrière bien partie pour donner un sens à ma vie, que je me suis aperçu que nous étions conçus sans limite intellectuelle. Que seules les barrières qui nous ont été implémentées pour nous demander de sagement suivre la masse perturbaient notre manière de penser. Il fallait libérer le potentiel illimité enfoui en chacun de nous et déployer toutes les capacités cognitives mises à notre disposition afin de comprendre la logique de cet univers. Arrêter de penser avec un raisonnement populaire et d'amasser de nouvelles théories pratiques. Saisir tout ce que nous pensons insaisissable et se rendre à l'évidence que nous ne pouvons pas nous permettre de dire que nous ne savons pas.

Nous avons physiquement tous le même disque-dur à la naissance, chacun l'utilisant à sa manière, mais surtout à sa convenance. Pourtant, nous n'imaginons à aucun moment que celui-ci n'est pas vendu avec une quantité limitée de mesure et d'espace. Aucun abonnement n'est nécessaire pour garder en mémoire toutes les informations que l'on y implémente avec le temps. Cette formidable machine appelée "cerveau" représente, à elle seule, le moyen quasi-unique de faire de vous un puits de compréhension de ce monde que rien ne peut arrêter.

Je trouve ça dingue que tant de gens se reposent sur leurs acquis pensant qu'il est à un moment suffisant d'arrêter d'apprendre. Au contraire, pourquoi ne pas en profiter pour se mettre à jour continuellement et nourrir notre culture du savoir des autres. Nous avons tellement de chance de vivre dans un monde qui change et qui échange, un monde en constante évolution, ouvert à la possibilité d'en savoir toujours plus sur tout, d'avoir accès si facilement à la quasi-gratuité de l'information. Aujourd'hui, chaque sujet à son livre. Nombreux auteurs et entrepreneurs ont pour certains passés leur vie entière à étudier et approfondir leurs connaissances pour nous les servir sur un plateau d'argent au travers d'ouvrages accessibles à tous. N'ayez donc jamais peur d'en savoir trop ! Et si c'est le cas, partagez, diffusez, aidez ceux qui pourraient avoir besoin d'en profiter.

Lorsque l'on est libre de ses pensées et de travailler indépendamment de toute hiérarchie nous occultant les secrets de la construction d'un business ou d'une vie épanouie, c'est alors que tout un panel d'outils nous est offert pour gravir librement les plus hautes montagnes du savoir. Votre tête pensante accueille pleinement de se connecter à tout ce que vous lui apprenez, alors donnez-lui l'opportunité de vous faire gagner en vivacité !

Seul le temps et la fatigue vous ralentiront face aux prouesses que celle-ci est capable d'exécuter. C'est le moment de libérer votre cerveau et d'en faire une arme redoutablement aiguisée afin de percer tous les mystères qui vous feront évoluer. Accumulez des nouveautés, n'arrêtez jamais d'apprendre, mettez continuellement votre esprit en éveil et rendez-vous compte à quel point vous pourrez passer outre certaines futilités de la vie afin de devenir le programmateur de ce monde.

Rien ne vous est caché, il suffit juste d'avoir cette envie débordante de chercher et d'organiser ces notions acquises au fil du temps. Une fois digérées, vous deviendrez le reflet de cette bibliothèque dûment classifiée.

C'est donc après avoir compris que rien n'était impossible avec un peu d'huile de coude et une certaine ouverture d'esprit, que les choses se sont amplifiées et sont devenues infiniment plus limpides. J'avais fait le bon choix et je savais à présent que, quoi que je fasse, il y avait une réponse quelque part. Les doutes se sont donc levés, et il était clair qu'en sachant que je pouvais avoir réponse à tout en allant chercher les informations aux bons endroits, ma carrière allait devenir un véritable jeu de rôle dont je me devais de devenir le héros. Ça peut paraître dingue de dire ça, mais rien n'est plus palpitant que de se lancer à l'assaut de nouveaux objectifs, d'aller vers de nouvelles frontières et de partir à la conquête de ses rêves en traversant l'inconnu. C'est en se dépassant personnellement et en y croyant au plus haut point, qu'on parvient toujours à nos fins. C'est grâce à cette persuasion profonde que l'on entre au front sans peur ni crainte d'un échec quelconque.

## Se former continuellement

Je ne saurais mieux vous conseiller que de perpétuellement vous former. Quelques soient vos moyens,

formez-vous ! Que ce soit par le biais de livres, de Youtube, de formations en ligne, de séminaires, de webinaires,
de réunion, des réseaux sociaux, de coachs ou pour les
plus chanceux, de mentors, mais ne passez pas une journée sans vous cultiver et vous in-former. Votre tête est
faite pour ça depuis toujours et il n'y a aucune excuse aujourd'hui de rester dans l'ignorance. Votre cerveau est
conçu pour enregistrer. Même la personne la plus flem-
marde que vous connaissez est capable d'apprendre et de
délivrer des informations intéressantes : pourquoi ? Car
notre système neuronal, lui, ne procrastine jamais quand
vous avez besoin d'une information que vous détenez.
Votre matière grise ne vous fait jamais attendre, et ce,
même si votre mémoire peut parfois vous faire défaut,
sachez qu'à l'intérieur, il se passe toujours quelque chose.

C'est par cet éveil et cette prise de conscience que
j'ai commencé à plonger mon nez dans les rudiments du
développement personnel et les fondamentaux de l'état
d'esprit de l'entrepreneur qui veut réussir.

Ma vision s'élargissait de jour en jour, les mécaniques prenaient vie et force est de croire que je n'ai jamais pu m'arrêter.

*"Nourrissez votre esprit, son ventre est insatiable. Semez des graines
dans votre inconscient, elles germeront sans que vous ne vous en ren-
diez compte. Plantez des arbres de savoir, ils deviendront une forêt
luxuriante d'informations vous permettant de cueillir aisément les
fruits de votre connaissance."*

En implémentant cette source à votre système,
croyez-moi, vous ne manquerez plus jamais de rien. Votre
palais mental se chargera de vous ouvrir ses portes à la
demande et votre capacité d'analyse ne s'en verra que
décuplée.

Dans tous les cas, si vous souhaitez évoluer dans votre domaine, vous n'aurez d'autre choix que de chercher à en savoir toujours plus. Vous n'inventerez peut-être rien de nouveau, mais justement, c'est là qu'il vous sera nécessaire d'aller piocher l'information là où elle se trouve, afin qu'elle fasse partie intégrante de votre fonctionnement.

Cultivez votre savoir, comme si votre vie en dépendait ! Car oui, votre vie en dépend réellement. Si vous n'exploitez pas l'immense potentiel de cette mine d'or qui vous a été offerte à la naissance, d'autres se chargeront de s'en emparer.

Apprenez, apprenez, apprenez - et remerciez-vous après d'avoir su pourquoi vous vous y êtes attelé, mais ne doutez jamais de vos capacités.

*"La connaissance est la seule chose qui peut être partagée, mais qu'on ne pourra jamais vous retirer…"*

*Le cerveau humain pèse à peine 1kg500 est composé à 75% d'eau et reste à ce jour l'organe le plus mystérieux. Il est le siège de toutes les fonctions dites supérieures dont font partie les capacités cognitives telles que la mémoire et les processus réflexifs. Il comprend 100 milliards de neurones, chacun étant connecté à 1.000 à 10.000 autres neurones qui communiquent constamment entre eux avec pas moins de 100.000 milliards de messages par seconde.*

*Les capacités cognitives d'un individu reposent en partie sur des facteurs génétiques, mais également sur de nombreux facteurs environnementaux. En effet, si une partie de notre "intelligence" est héritée de nos parents, une stimulation intellectuelle précoce va jouer une rôle important dans le déploiement de nos capacités cognitives. Ces données soulignent l'importance de l'acquisition active de connaissances dans la formation des futurs processus réflexifs.*

*Les travaux de Daniel Kahneman, professeur de psychologie et Prix Nobel d'économie nous ont appris* qu'il existe deux systèmes de pensée. Une première, rapide, qui fonctionne de manière automatique et intuitive. Le deuxième est plus lente et intervient dans la résolution de problèmes complexes à l'aide d'une approche plutôt analytique. Dans la vie de tous les jours, nous utilisons majoritairement le premier système, le deuxième étant très coûteux sur le plan énergétique et attentionnel. En effet, le premier système effectue de nombreuses associations intuitives dépendantes des connaissances acquises et maîtrisées par chaque individu, nous permettant de résoudre la majorités des problèmes du quotidien.

Devenir une source intarissable d'acquisition de connaissances va nourrir ces deux systèmes de pensées, favorisant la sérendipité pour le premier système de pensée et le développement de raisonnement complexes et pointus pour le deuxième. Nous ne pouvons donc que vous encourager à être curieux, insatiable, à douter de vos propres raisonnements et certitudes, vous poussant à vouloir aller toujours plus loin dans l'acquisition de connaissances nouvelles.

Pour résumer, écoutons Candide s'adressant à Pangloss dans le roman éponyme de Voltaire :

*"Il faut cultiver son jardin"*.

Dr Pierre Ellul MD PhD
Centre d'excellence pour l'autisme
et les troubles du neurodeveloppement.
Service de psychiatrie de l'enfant et de l'adolescent.
Hôpital Robert Debré, Paris.

# CHAPITRE 3

## SACRALISER SES CAPACITÉS

Les idées, la créativité, l'ingéniosité, le talent, l'intelligence, l'originalité, la persistance et la détermination sont sans limite - c'est ce que j'ai pu en déduire au fil des années et dans tous les cycles de vie que j'ai pu traverser.

Franchement, comment peut-on se restreindre à vouloir rester planté dans une vie monotone et toute tracée quand on voit le potentiel dont l'homme dispose à toujours pouvoir se surpasser ? Chaque année, nous voyons des records se faire exploser et des prouesses technologiques voir le jour alors que nous pensions qu'il était humainement impossible d'y arriver, de viser plus haut, de faire plus fort. L'être humain est fascinant.

Pourtant, nous vivons dans un monde où les gens se sous-estiment, ne croient pas en eux, ne pensent pas avoir la "chance", le courage ou le "droit" de réussir. Qui a dit que la réussite, le succès et l'épanouissement étaient réservés à une minorité ? Pourquoi se restreindre aux limites de votre environnement alors que le monde vous a accueilli à votre naissance ? Vous êtes né pour apporter quelque chose à cette terre, alors ne vous bornez plus aux "on-dit" ou aux pensées limitantes de cette nocivité qui gravite autour de vous. Nous sommes près de 8 milliards sur cette planète, complètement éphémère à l'échelle du temps - alors pourquoi ne pas aller chercher tout votre plein potentiel aux tréfonds de votre être et vous autoriser à vivre une vie qui vous inspire ?

Si vous ne vous en sentez pas capable, regardez tout le chemin parcouru depuis votre naissance : tout ce que vous avez su surmonter pour en arriver aujourd'hui à explorer des idées, chercher de la nouveauté et intégrer des clés dans votre existence pour éveiller votre esprit en quête d'élévation. Depuis la naissance, nous nous battons pour avancer, évoluer et se mouvoir au sein d'une société qui ne cherche pas à créer de nouvelles "élites". Ils le savent, craignant que certains discours ou publications puissent ouvrir les yeux du peuple. Ils tentent d'occulter les idées de masses, par le biais de cursus rouillés, pour sauvegarder des secrets et ces clés que nous devrions déjà tous posséder. Cette négativité est faite pour créer des êtres errants, des pions, se mouvant dans une société bridant le potentiel unique qui réside en chacun de nous.

Pourquoi vivre le verre à moitié vide et se dire que la réussite se présentera peut-être par chance un jour ou l'autre ? "Maintenant" ou "plus tard", il faut savoir ! Ce n'est pas parce que l'on tente de vous brider que vous n'êtes pas en mesure d'y arriver ! Malheureusement, beaucoup ne se réveillent jamais, et partent égoïstement avec un don qu'ils n'auront jamais offert à ce monde. Oui, un don.

Vous avez sans doute des dons que vous n'avez pas encore développés ou un potentiel inexploité. Cet équilibre entre vos forces et vos faiblesses, là où vous saurez transformer vos peurs en challenges, là où finalement, tout vous paraîtra limpide et clair comme de l'eau de roche. En parfaite symbiose avec vous-même.

### Mais qu'est-ce donc ? Où le trouver ?

C'est tout simplement l'endroit où vous êtes le meilleur, l'endroit qui vous fait oublier toute notion de temps et qui exclut toute douleur de passage à l'action. Une zone d'excellence qui vous motive, qui vous valorise, et vous fait vous sentir heureux et surtout épanoui. C'est un endroit dans lequel nous pourrions en discuter jour et nuit, qui vous illumine quand vous en parlez, où chaque nouveauté est un moment pour vous d'expérimenter.

Avec ce don ou cette zone de génie que vous avez quelque part en vous, ce n'est pas juste un métier ou une vie extra-ordinaire que vous pourriez trouver, mais une mission à déclarer et partager au monde entier. Grâce à vos expériences professionnelles, les challenges comme les difficultés, vos leçons de vie comme tout ce que vous avez appris. Votre don est déjà là, avec un savoir, peut-être même un savoir-faire dont vous n'avez peut-être pas encore conscience. Prenez un instant et rappelez-vous en. Restez honnête avec vous-même, ne vous mentez pas et soyez conscient qu'il réside en vous des caractéristiques qui vous sont propres et vous définissent parfaitement.

### Vos compétences sont là

Sachez qu'aujourd'hui, et rassurez-vous, vous ne partez en aucun cas de zéro ! Tout ce que vous avez appris, tout ce que vous avez vécu ou entrepris, a survécu à tous les aléas du temps pour en générer des expériences que vous pouvez et que vous devez intégrer dans vos futurs projets ; qu'ils soient professionnels ou de vie.

Ne pensez pas à l'ennui, aux freins ou au burn-out, à tout ce qui vous a ralenti jusqu'à présent, et trouvez vos forces, vos domaines de compétences et les facilités que vous avez à générer naturellement des résultats satisfaisants. Votre zone de génie peut très bien se trouver dans votre environnement, dans tout ce qui vous entoure actuellement : ouvrez les yeux !

*"La plupart des gens passent leur vie en cherchant toujours quelque chose d'autre. Il traverse l'existence, persuadé que leur objectif est fort lointain, alors qu'autour d'eux, se trouve tout ce dont ils ont besoin pour atteindre leur but."* - Fun-Chang.

Ne pensez pas non-plus à ce fichu syndrome de l'imposteur en vous sentant illégitime, de penser ne pas être à la hauteur ou que ce n'est pas fait pour vous. Ce droit vous appartient et personne d'autre que vous n'est autorisé à en juger ! C'est votre vie, pas celle d'un autre. Il ne tient qu'à vous d'en faire une histoire qui vous comble de bonheur.

Ne partez jamais avec des croyances inculquées en vous disant que vous n'en serez jamais capable, ceci est faux ! Nous sommes tous capables de réaliser des choses extraordinaires, des choses que l'on aurait jamais crues possible avant d'y parvenir. Nous sommes absolument tous en mesure de nous poser les bonnes questions et d'obtenir les meilleures réponses. Regardez, écoutez, demandez, discutez et apprenez pour passer outre votre peur d'échouer. Certes, la peur n'évite pas le danger, mais cette peur peut amplement être transformée en énergie créatrice, en de nouvelles sensations, jusqu'à réussir à la dépasser.

Ayez confiance en vous ; ayez confiance en vos capacités ; ayez confiance au fait que vous ne seriez pas là si ce n'était pas pour passer au niveau supérieur et changer votre vie.

Acceptez qui vous êtes, vos différences sont une force. Vous êtes là pour évoluer sur le chemin de vos responsabilités. Libérez votre plein potentiel et n'écoutez pas les jugements, foncez vers vos rêves ! Ceci n'est qu'une question de choix ! Ne gâchez pas l'opportunité de cibler votre vocation au détriment de vouloir entrer dans un moule ou de rester enfermé dans quelque chose qui ne vous correspond pas.

L'être humain est un véritable coffre-fort rempli de trésors qui ne demandent qu'à être mis en lumière et briller aux yeux du monde. Il ne possède aucune limite créatrice et nous pouvons constater qu'il est capable de continuellement évoluer.


*"Pensez grand, et votre esprit suivra. Ne voyez pas plus loin que le bout de votre nez, et vous resterez dans la médiocrité."*

Votre réussite dépend beaucoup des pensées que vous avez fait macérer avant de vous lancer.

Il est évident que je ne vise personne en écrivant ces mots, mais je souhaite éperdument éveiller toutes celles et ceux qui ne savent pas encore qu'ils sont véritablement dotés de super-pouvoirs ! Cela peut paraître puéril dit comme ça, et pourtant, si les héros de votre enfance ont toujours réussi à s'en sortir vainqueurs, c'est bien grâce à leurs capacités combinées qu'ils ont su faire évoluer.

Lorsque j'ai débuté ma carrière en tant qu'artiste-tatoueur, ma première invitation à venir poser mes valises dans un endroit approprié, fut celle de mon tatoueur de l'époque. Il voyait constamment sur les réseaux sociaux ce que je faisais et savait pertinemment que je ne travaillais pas dans un cadre réglementé. Effectivement, j'avais pour habitude d'aller directement chez les gens. Ce n'était pas toujours ce qu'il y avait de plus confortable, mais il fallait bien commencer quelque part et se débrouiller.

Imaginez l'enthousiasme que cela a été lorsque je me suis fait alpagué pour venir travailler dans sa boutique et en finir avec cette situation pour le moins bancale et précaire ! Je ne pensais pas avoir le niveau requis, mais contre toute attente, il me confia une clientèle qui connaissait bien la renommée de ces lieux. Malgré un stress intense de débuter officiellement cette nouvelle carrière en tant que professionnel reconnu sur le marché, je ne me suis jamais rabaissé et ai gardé une totale confiance en mes capacités, quelles qu'elles soient à ce moment-là. Même lorsque que je vagabondais quotidiennement d'une maison à une autre pour m'atteler à ce métier tant rêvé, je ne me suis jamais déconsidéré face à ma situation d'itinérant. Devant tous ceux qui m'avaient déjà permis de "m'exercer" depuis une bonne année, je gardais en tête d'être celui à qui on pouvait faire confiance, toujours un regard professionnel sur leurs projets, agissant de la sorte pour me vendre en tant qu'expert.

Je me suis toujours senti légitime à pouvoir professer dans cet environnement. Je savais que j'en apprendrais toujours plus à chaque rendez-vous et que ma capacité à évoluer irait de pair avec l'expérience.

Je me souviendrai ad vitam æternam de cette phrase qu'un de mes professeurs d'art en peinture classique m'a dit lors de mes études : "Tu sais Rudy, tu ne seras au top de ton propre niveau que le jour de ta mort".

Considérez par là que vous serez la meilleure version de vous-même qu'à votre unique et propre fin ; pas celle d'un autre ou a un autre moment, la vôtre. Vos capacités évolueront toute votre vie, uniquement en y faisant pousser ce que vous aurez choisi d'y semer. Elles atteindront uniquement le niveau de ce que vous aurez décidé d'apprendre et d'expérimenter en agissant.

C'est pourquoi je conseille toujours de faire de son mieux, car même si vous ne serez peut-être jamais le meilleur dans aucun domaine de compétence, votre capacité à ne jamais reculer et à garder confiance en vous en fera toujours ressortir quelque chose de bon pour un autre.


Puis est venu le moment de me faire débaucher pour un nouveau contrat pour du plus long terme. Cette fois, au sein de cette nouvelle structure, lors de l'entretien d'embauche, on m'a mis à l'épreuve en me demandant de noter sur dix mes propres réalisations qui défilaient sur un écran. De même, conscient de ne pas être le nouveau Michel-Ange du tatouage, mais confiant dans le résultat, loin de moi un ego surdimensionné, je n'ai pas mis une note en dessous de la moyenne. Pourquoi ? Simplement parce que je savais que je pourrais faire toujours mieux avec le temps, mais que tous mes clients avaient été ravis du résultat et de ce que j'avais pu leur offrir. Pour ma part, c'était donc une réussite.

J'ai été embauché en tant qu'indépendant sans limite de temps.

Croyez en vous, croyez en vos capacités et oubliez ce sentiment d'illégitimité si vous êtes persuadés d'avoir quelque chose de probant à partager ou la capacité de résoudre un problème chez les gens. Ne doutez jamais d'être en mesure d'apprendre à faire évoluer vos compétences avec le temps quand votre intuition vous pousse au décollage vers de nouvelles expériences.

*Lorsque l'on parle de pensées limitantes, nous sommes tous convaincus de ne pas en avoir, ou alors très peu que nous minimisons.*

*Mais c'est un fait, notre enfance, notre parcours, notre quotidien, chaque événement et chacun de nos choix ont construit dans notre inconscient des barrières extrêmement complexes à faire tomber. Les profs, les parents, les personnes qui ont navigué dans notre vie dans des moments clé ont pu, que ce soit consciemment ou non, blesser notre inconscient à des degrés variés. Et finalement, un grand nombre de choix que nous avons pris au cours de notre vie ne venaient pas réellement de ce que nous avions au fond de nous, de nos rêves et nos envies mais de la perception extérieure d'autres individus. La société actuelle a besoin que chaque individu rentre dans des cases. À tel point qu'aujourd'hui, nous sommes nombreux à atteindre le milieu de notre vie sans jamais avoir réalisé ce dont nous étions réellement capables. Nous avons suivi la route sur laquelle nous avions été mis enfant, faisant des choix pour notre avenir par dépit bien plus que par envie.*

Cependant, il n'est jamais trop tard pour réaliser ses rêves et surtout prendre conscience de ce que nous avons déjà réalisé dans notre vie.

Même si cela est encore difficile pour moi, je vais prendre en exemple ce qui, aujourd'hui, m'a permis à quarante ans de reprendre ma vie en main et de réaliser ce que j'avais déjà accompli et que j'étais le seul à détenir les clés qui me permettraient de m'épanouir.

J'ai eu un grave accident de voiture en 2005, fracture et écrasement de L2. Lorsque j'ai voulu sortir de l'épave de la voiture et que je m'en suis trouvé physiquement incapable, la première pensée qui me vint à l'esprit était que j'allais finir ma vie en fauteuil roulant. La désincarcération, le trajet dans le camion des pompiers, la nuit de souffrances et d'angoisses, les 6 mois de corset, la rééducation… J'ai tout traversé sans me poser de questions. C'était normal.

À peine sorti de tout ça qu'un cancer en 2008 m'a enfoncé plus profondément. Mais encore une fois, j'ai affronté ça d'une manière stoïque. C'était comme ça, me lamenter dessus ne changera rien. Je ferai comme je l'ai fait pour beaucoup de choses dans a vie, je me battrai. Pour moi, tout ça n'avait rien d'exceptionnel. Chimio, opérations, nouveau passage en soins intensifs… Encore une fois, je considérais ça comme normal.

Depuis l'accident, les douleurs ne m'ont jamais réellement quittées. Bien au contraire, elles ont au fil du temps augmenté, me mettant plus bas que terre plus d'une fois. Mais à chaque fois je me suis relevé.

Il y a trois ans, après un mouvement anodin, je me suis retrouvé à ne plus pouvoir me porter. Et là j'ai baissé les bras. J'étais fatigué de tout ce que j'avais fait pour simplement tenir debout ces quinze dernières années…

Je ne crois plus au hasard, et durant cette période sombre, des personnes sont rentrés dans ma vie, ma conjointe et Rudy pour ne citer qu'eux, et m'ont permis de sortir la tête de l'eau. Puis j'ai appris récemment qu'en 2005 je n'aurais pas dû remarcher, et là j'ai réalisé que le fait d'être encore debout aujourd'hui venait de moi et de moi seul. J'ai enfin réalisé ce que j'étais vraiment.

*Un battant qui avait réussi à aller à l'encontre des pronostics médicaux.*

*Grâce à tout ça, cette énième épreuve est devenue un nouveau départ. Elle a déclenché cette série d'événements qui m'ont amené aujourd'hui, pour la première fois de ma vie, à être moi-même et croire en ma capacité de réaliser mes rêves de gosses.*
*Il n'est jamais trop tard pour devenir la personne que l'on a toujours voulu être. Accepter ce dont on est réellement capable, prendre conscience de ce que nous avons déjà accompli et faire tomber les barrières invisibles que l'on a érigées tout au long de notre vie n'est pas une sinécure.*

*Nous détenons tous la capacité d'être l'artisan de la vie dont nous rêvons. Il suffit de le réaliser.*

*Stanislas Baril*
*Auteur, écrivain.*

# CHAPITRE 4

## LA PEUR EST UNE FORCE

L'angoisse de se dire qu'on arrive peut-être trop tard sur un marché, l'angoisse de se dire que ça ne va pas fonctionner ou d'imaginer manquer de temps et d'argent pour se sentir à l'aise et en paix pour évoluer. Ce sont évidemment des questions et des sentiments supra-négatifs que beaucoup d'entrepreneurs se posent et ressentent lors de leur périple vers la réussite. J'étais le premier à régulièrement m'en faire pour l'avenir. Le genre d'état d'esprit ne faisant grâce d'aucun instant de répit, portant son unique attention sur le "comment" faire pour s'en sortir.

Cette sensation de doute est en mesure de remettre en question notre "pourquoi" et notre prise de décision d'entrer dans cette vocation. Ce mal-être passager qui nous fait redouter le pire alors que la veille, nous étions prêts à soulever des montagnes. Quel désastre ! Rien de pire pour s'auto-détruire en si bon chemin. On en arrive même à se dire que la vie était mieux avant, que rester dans notre zone de confort était peut-être la solution à tous nos problèmes et que l'herbe y était plus verte - mais aussi que notre volonté de changement n'aurait pas dû se produire si vite et que l'on aurait peut-être dû réfléchir à deux fois avant de tout déconstruire.

Personnellement, j'en suis même arrivé à me faire dire que j'allais en perdre mes cheveux et qu'un ulcère allait en suivre ! Trop de pression, trop de peur sur les conséquences de mes choix, l'inquiétude des finances qui ne suivent pas, et ne plus vouloir s'arrêter de travailler pour ne perdre aucune minute pouvant me rapprocher de mes plus grands objectifs. En bref, c'est laisser place au chaos dans notre esprit et n'agir que par la mécanique du stress et de l'anxiété. Perdre totalement confiance en soi à en vouloir s'en cacher par peur d'être jugé. Ne plus croire en cette nouvelle vitrine pour laquelle nous étions persuadés qu'elle refléterait un renouveau flamboyant, nous faisant oublier la passion du pourquoi nous avons souhaité changer.

C'est souvent une erreur liée à certains qui se lancent pieds et poings liés vers une activité qui ne leur correspond pas. Un job uniquement construit pour tenter de trouver un raccourci vers la liberté tant espérée. Un raccourci qui fatalement n'existe pas, mais qui fini par troubler et perdre celui qui y croit. On pense à ce qu'il nous faudrait pour réussir, là où nous devrions être pour se sentir bien et épanoui, et au travail colossal que l'on aimerait avoir déjà accompli. On souhaiterait se trouver directement sur la ligne d'arrivée avant même de se poser la question de savoir si nous sommes faits pour ça, si nous avons déjà en nous les compétences requises, par peur de ne pas trouver la force pour y parvenir autrement. On en oublie l'instant présent et les actions faisables dès maintenant. On se met une pression qui n'a pourtant pas lieu d'être pour le moment, se flagellant de ne pas avoir encore atteint le but final. On se sent tout petit face à la montagne que l'on sait devoir gravir, avant même de savoir si nous sommes capables de grimper la première marche - alors on tente de bondir au risque de perdre l'équilibre.

Durant ces périodes, j'ai souvent pensé en termes de "tâches à abattre" plus qu'au "chemin à conquérir", regardant derrière moi la chute envisageable plutôt que de me focaliser sur l'objectif, faisant gonfler en moi une pression alarmante, au risque de tout faire capoter. Comme je dis souvent : "quand on pense au négatif, on attire le négatif".

Mais alors, comment peut-on surmonter ces épreuves et ces tourments ? Nous avons tous ce genre d'expériences désagréables à outre-passer, qui que nous soyons et quoi que nous fassions. Toute notre vie, nous aurons ces craintes à différents moments et ces frayeurs à canaliser. Nous sommes pourtant l'unique déclencheur de cette désorganisation mentale qui nous plombe l'esprit. Alors que, si loin que cela puisse paraître, ces pensées ont certainement une raison d'être, quelque chose à nous apprendre, aux antipodes du pourquoi nous imaginons qu'elles apparaissent. Mais quoi ? Où tout cela veut-il nous emmener ? Quelle leçon ou expérience doit-on en tirer ?

Dans tous les cas, retenez ceci : si nous sommes en mesure de nous créer ces émotions et ces problèmes existentiels par nous-même, dites-vous que nous sommes aussi en mesure de faire peser dans la balance la solution qui s'y attache. Ce n'est qu'en regardant cette fois sans crainte derrière nous, que nous pouvons constater que nous avons toujours réussi dans le passé à les surmonter. Pourquoi ? Parce que nous sommes ok pour dire que si nous en sommes là aujourd'hui, c'est que nous avons eu l'état d'esprit nécessaire et la capacité de surmonter cette façon de penser. Nous avons toujours été suffisamment forts pour dominer les événements. Donc si nous sommes capables de continuellement nous battre pour avancer, qu'elle qu'en soit la direction, c'est que nous sommes réellement capable de créer des solutions. La peur et le tourment n'ont lieu d'être que si nous les concevons et y croyons. Le manque se fera ressentir uniquement si nous lui laissons une place suffisamment grande dans notre vie.

"Est-ce que ce que je fais m'intéresse vraiment ? Est-ce que j'ai vraiment envie d'avancer dans ce domaine ? Suis-je fait pour ça ? Pourquoi je n'ai pas les résultats que je veux avec tout ce que j'ai fait ?..."

La peur et l'angoisse sont souvent un manque de connaissances, un manque d'expériences. L'inconnu nous pétrifie, bouscule notre routine et nous sort naturellement de notre zone de confort, et c'est humain. On ne peut appréhender les choses que l'on ne connaît pas, sous prétexte qu'elles nous sont imposées ou que l'on a décidé d'y aller. Il est évident que ce n'est pas parce que l'on connaît les risques que l'on pourra forcément les éviter. Cela dit, prendre des risques, si grands soient-ils, est une obligation pour se forger une expérience et être en mesure de dire si le chemin mérite que l'on y pose un pied. Peu importe la façon dont vous vous y présenterez, c'est en battant la bonne mesure et en rythmant consciencieusement vos actions que vous découvrirez les aléas du métier, mais aussi de la vie.

Si aujourd'hui vous ne vous reconnaissez pas dans ce cas, sachez que lorsque vous déciderez de prendre des mesures suffisamment importantes dont vous serez le seul maître à œuvrer pour votre plan, toutes ces émotions parviendront tôt ou tard à croiser votre chemin. Et c'est OK. Lorsque ces tâches que vous devrez accomplir domineront vos pensées, ces tensions se présenteront à vous telle une vague à défier. Mais si ce n'est pas le cas, il est, à mon sens, fort à parier que vous n'en faites pas assez pour avancer. Ce n'est absolument pas péjoratif, car la peur n'est pas un mal en soi ni fondamentalement si mauvaise, c'est avant tout une contrainte naturelle qui cherche à vous faire avancer. Si vous n'êtes pas préoccupés par quoi que ce soit c'est que vous êtes certainement dans une phase de stagnation ou de train train quotidien, où votre zone de confort reprend le pas sur votre avancée ou votre évolution.

*"N'ayez pas peur d'avoir peur, c'est elle qui nous fait grandir."*

Lorsque la peur vous submerge, considérez-la comme un moment opportun pour agir. Beaucoup de personnes capitulent face à leurs objectifs parce qu'ils procrastinent durablement avant d'entreprendre les mesures requises pour réaliser leur projet. Cependant, si vous éradiquez le facteur temps pour son bon déroulement, vous serez prêts à commencer sur-le-champ et agir massivement. Faites la différence, allez-y maintenant. La peur amène l'adrénaline et décuple nos sens. Conclusion : la peur nous rend plus fort !

Nous avons tous eu le regret de ne pas avoir accompli quelque chose en ayant pris les devants plus tôt. Nous l'avions imaginé, nous nous y étions préparé, mais quelqu'un d'autre avait déjà pris des mesures en ce sens. Et là, déception. Mais comme on dit, avec des "si" on refait le monde... et effectivement, des histoires de ce genre se réitèrent quotidiennement dans le monde.

Les gens donnent bien trop d'importance à la peur de passer à l'acte, et ce, bien plus qu'elle ne le mérite. Ils attendent pour agir, pour téléphoner à un client, pour faire parvenir cet e-mail de présentation, de prospection ou entamer les négociations, tout ça parce qu'ils craignent le retour ou la réponse. Un nombre incommensurable de personnes se donnent les mêmes excuses pour se convaincre que ce n'était soi-disant pas le bon moment d'entreprendre ces actions.

Justifier votre attitude passive à la terre entière ne stoppera pas le fait que la peur sera toujours là pour vous dire qu'il est temps d'entreprendre ce qui vous angoisse le plus ou craignez de devoir faire maintenant.

Je ne suis pas quelqu'un de fondamentalement peureux vu d'extérieur, mais il m'arrive que cette pression craintive et hésitante se mesure à moi. Par contre, il est alors hors de question pour moi d'en faire un sentiment prioritaire, en lui consacrant une importance lui permettant de prendre le dessus sur ma capacité à agir et à vouloir aller de l'avant.

À vous maintenant d'en faire de même, quand le moment de se jeter dans le vide se présentera et que vous devrez entreprendre ce qui vous tétanise. En fait, vous serez étonné de voir à quel point cela vous rendra plus fort et plus déterminé à faire de nouvelles choses.

En vous relatant mon histoire, je vous donnerai peut-être la sensation de n'avoir peur de rien, d'être un fonceur ; mais je tiens surtout à vous apporter ici la mentalité d'une personne qui fera tout pour palier aux aléas et aux contraintes de la vie, qu'elles soient entrepreneuriales ou quotidiennes. Mais sachez que celui qui vous dit qu'il n'a peur de rien est un menteur ! J'ai pu constater au fil du temps, que les personnes qui entreprennent les choses de cette manière, en faisant ce qui leur font le plus peur une priorité à défier, sont celles qui feront le plus avancer leur cause. Nous laisserons les envieux et les plus frustrés se créer de fausses raisons de ne pas évoluer. Pour notre part, nous avons encore du pain sur la planche et du travail pour dominer cette émotion.

La peur est une émotion primaire, et l'une des plus frustrantes qu'un être humain puisse ressentir. Elle stoppe les gens dans leur élan et leur bonne volonté et les empêche d'atteindre leurs buts, mais aussi de réaliser leurs rêves. Tout le monde a peur de quelque chose dans la vie, cependant, c'est la manière dont nous l'appréhendons qui nous distingue des autres. Quand vous faites un pas en arrière sous l'effet de la peur, vous consommez inutilement votre énergie, ralentissez votre vitesse de croisière et abaissez votre niveau de confiance en vous… accentuant vos doutes et offrant à votre peur une raison d'exister.

Condamnez vos peurs, ne les nourrissez jamais en reculant devant elles ou en leur donnant le temps de s'amplifier. Transformez-les en énergie positive. Apprenez à les comprendre et à en user pour savoir avec précision ce que vous devez faire pour les surmonter et continuer d'avancer dans la vie. Notre cerveau est un puissant ordinateur que l'on peut manipuler à notre guise, et toutes les personnes qui ont réussi ont utilisé la peur comme indicateur pour déterminer quelles actions seraient les plus avantageuses pour elles.

Personnellement, je fonctionne comme cela dans ma propre vie. Chaque fois que je prends un risque, ça me rappelle que je suis aux aguets pour obtenir quelque chose que je convoite, que je cherche à développer et surtout à renforcer.

Si vous n'avez jamais de craintes, vous pouvez d'ores-et-déjà avoir la certitude que vous ne grandissez pas. Ce n'est pas plus compliqué que cela. Elles sont comme des couteaux finement aiguisés : elles peuvent vous tuer, comme elles peuvent vous faire savourer des mets comme jamais vous ne l'auriez imaginé.

*"Ne fuyez pas vos peurs, battez-les et savourez vos victoires."*

*Au travers de ces quelques lignes, je vais vous retranscrire ma peur et mon ressenti lors de mon parcours pour créer mon entreprise.*

*Voici plusieurs années que je réfléchissais à la création d'un concept un peu original dans le monde du lavage. Durant 16 ans, j'ai travaillé dans le service et plus particulièrement dans le lavage automobile et du linge. Je voulais créer un lieu ou un concept original et ludique pour laver son linge, un endroit convivial de détente. J'avais beau chercher, je ne le trouvais pas. Je ne voulais pas révolutionner la façon de laver le linge, mais juste revisiter l'endroit dans lequel on se retrouve pour faire cette corvée ou cette contrainte pour certains.*

*Un jour, j'ai donc décidé d'appuyer sur le bouton de la mise en route de ma nouvelle vie. Je comparerais cette création à un marathon, le marathon de la création. Alors certains diront "mais c'est ton choix, c'est toi qui a voulu appuyer sur le bouton, c'est toi qui veux changer de vie, ..."*

*À toutes ces personnes qui n'auront peut-être jamais le courage de le faire, je leur dis : "OUI, c'est mon choix, à la différence que j'assume ce choix et je n'ai pas peur de tomber sur le chemin de la vie !"*

*La vie est faite de changements et de remises en question ! Alors allons-y !!!*

*Une fois lancé, commence le premier marathon, celui des recherches, fournisseurs, financements, produits, mais surtout locaux ou commerces à vendre. Mon concept commençait à prendre forme, les démarches bancaires devenaient de plus en plus précises, mais toujours pas de locaux.*

*Jusqu'au jour où le hasard (mais comme dit un très bon ami, il n'y a pas de hasard dans la vie, tout est déjà écrit), a mis sur mon chemin un ami qui lui-même connaissait un client qui voulait céder son affaire pour son départ en retraite. Allez, cette fois-ci, c'est ma chance et je dois la saisir car voici le bon ! Reste encore à trouver un terrain d'entente avec ce futur vendeur. Car oui, voici le deuxième marathon, celui de la négociation.*

*Tout était prêt, projet, visuel, concept, banque, mais rien n'était encore sûr, car mon futur vendeur ne voulait pas me donner le travail de toute une vie, ce qui je l'espère m'arrivera aussi un jour. À ce moment précis, j'ai eu la plus grande peur de ma vie.*

*Sauter d'une falaise pour plonger, rigolade ! La peur des fonds marins, rigolade ! Être à l'arrière d'une moto à toute vitesse, rigolade !*

*Là, je vous parle de la vraie peur, celle qui vous prend le ventre et qui vous dit : "si tu manques cette marche, tu tomberas et tu auras énormément de mal à refaire surface."*

*Voilà, c'est de cette peur dont je vous parle, la peur de la fin.*

*Après plusieurs mois de négociations, neuf mois environ (car le projet d'une vie peut être comparé à la maternité d'un enfant), je suis enfin rentré un soir à la maison et ai annoncé la bonne nouvelle à ma famille.*

*À Partir de ce moment, toute ma vie a été modifiée, remaniée, car ce bouton, sur lequel j'avais appuyé il y avait vingt-quatre mois, m'a fait prendre conscience que rien n'est irréalisable. Les rêves sont une partie de nous, tous les murs peuvent être abattus et pas toujours avec la plus grosses des masses, un petit marteau peut faire vaciller un rempart !*

Si vous avez le courage de mettre vos chaus-
sures pour faire ce marathon de la vie, ne vous dites jamais "je n'y arriverai pas", courez et vous trouverez toujours un sentier, un chemin, une route pour rejoindre
l'avenue de votre vie, alors foncez !

Frédéric Bia
Entrepreneur
www.laverieduparc.fr

# CHAPITRE 5

## LE GRAND SAUT

Rien n'est impossible tant que l'on croit en soi, en ses capacités infinies et que l'on ne redoute en rien le regard des autres. Seul vous et vous seul pourrez faire de cette aventure et de votre vie un succès sans précédent. Quoi qu'en pense votre entourage ou les gens, il ne tient qu'à vous de faire le grand saut. Le jugement des autres n'a aucune valeur ni de sens si au fond de vous brûle le désir de tenter l'expérience.

Même si aujourd'hui vous ne voyez aucunement le bout du tunnel, c'est dans l'action que vous devez à présent vous orienter. Personne ne pourra mieux que vous agir en conséquence, appliquer tout ce savoir que vous avez enregistré et cette envie d'y aller. N'attendez pas le bon moment pour vous lancer ou encore moins l'idée du siècle si cela vous anime : c'est en posant la première pierre que les plus grands monuments se sont érigés.

Beaucoup de choses produisent des résultats par effet cumulé, chaque petite action que vous mettrez en place dès maintenant produira un effet boule de neige à l'avenir, faisant évoluer de façon exponentielle chacune d'elles mis bout à bout. Ne vous sentez pas dépassé par la charge de travail que cela pourrait représenter, vous édulcorerez tout cela sur la durée. Pas d'inquiétude non plus sur le fait que tout ne sera pas parfait de suite, vous affinerez vos méthodes également au fil du temps.

Si vous hésitez à sauter le pas, sachez qu'il y a toujours un moyen de construire votre avion durant la chute. Rien n'est jamais figé, vous trouverez toujours un moyen de vous rattraper ou de revoir votre plan sans vous blesser.

Si comme beaucoup, vous craignez de ne pas y arriver, dites-vous que toute votre vie, quelles que soient les circonstances, vous serez toujours confronté à de nouveaux problèmes. D'ailleurs, vous avez besoin de ces nouveaux problèmes pour avancer. Ce sont eux qui vous en apprendront le plus et renforceront vos talents et vos capacités. Si vous y faites face, cela indique que vous êtes dans la bonne direction et progressez. Vous prenez de l'assurance et de la hauteur, et relativisez sur leur véritable difficulté à être surmontés pour sauter.

La plupart des gens ne se donnent pas les moyens de se présenter au bord du gouffre, leur seul intérêt étant d'éviter au maximum des problèmes qu'ils ne connaîtront peut-être jamais et de se créer un harnais de sécurité. Encore une fois, faites face à vos croyances limitantes, d'autres l'ont certainement fait avant vous et s'en sont sortis vivant, alors pourquoi pas vous ?

Parfois, les meilleures choses vous arrivent d'une façon que vous n'auriez jamais imaginée, souvent au-delà de vos espérances. Votre courage finira toujours par payer, et souvent mieux que vous ne l'auriez pensé. La vie n'est jamais faite comme on l'attend, quels que soient les plans ou l'organisation préparée d'avance ; il faut toujours s'attendre et être prêt à toute éventualité. Pour ça, il faut sauter le pas et rester confiant jusqu'à l'arrivée ! Sauter pour aller voir de vos propres yeux ce qu'il se passera à ce moment-là ; sauter pour être sûr de pouvoir appréhender l'inconnu et vous mettre à l'épreuve de toute circonstance.

Vous devez faire face à ces nouveaux dilemmes pour vous obliger à trouver et inventer des solutions, à vous renforcer et évoluer. Les personnes qui réussissent cherchent toujours des problèmes à résoudre, alors que les autres font tout leur possible pour les éviter ou attendent malheureusement de toucher le fond pour prendre conscience qu'il existe des solutions bien avant de pouvoir rebondir. C'est régulièrement en se mettant un petit coup de pression que l'on parvient à trouver le courage d'avancer.

Sortez de votre zone de confort et mettez-vous au défi d'y parvenir. Ne restez jamais tétanisé au bord de la falaise, n'ayez jamais peur d'échouer, vous pourriez vous étonner ou passer à côté d'une belle réussite.

Repensez à vos rêves et vos objectifs, et demandez vous si le chemin que vous allez emprunter est utile pour y parvenir, s'il est nécessaire ou obligatoire de passer par là pour réussir. Si vous devez l'emprunter, vous vous devez de trouver tout le courage et l'ingéniosité pour vous lancer.

Pour cause d'inaction, de procrastination ou de peur incontrôlée, beaucoup auront de nombreux regrets de ne pas l'avoir fait. Le plus malheureux dans cette histoire, c'est que nombreux ont eu dans le passé l'opportunité de poursuivre leurs rêves. Par manque d'énergie et de ténacité, de courage et de persévérance, ils n'ont pas accepté de faire des choix suffisamment ambitieux pour s'y atteler et sauter. Ils regrettent aujourd'hui de ne pas avoir pris plus de risques, de ne pas avoir parié sur eux-mêmes, et encore moins d'avoir mis tout en œuvre pour leur réussite. Pourquoi donc attendre la fin de votre vie pour imaginer faire cela ? Pourquoi ne pas partir dès maintenant à leur poursuite, même si cela peut vous paraître inimaginable ou insensé ? Ne cherchez pas de fausses excuses exagérées alors que les solutions sont là, et souvent à portée de main !

J'ai connu beaucoup de gens qui possédaient toutes les cartes pour réussir, des plans bien définis, mais qui ont préféré les mettre de côté et se trouver des excuses par peur de se louper et de soi-disant voir leur vie "s'effondrer". Ils ont finalement regretté lorsqu'ils ont vu que d'autres y avaient été et que cela avait réellement fonctionné.

Ne vous y sentez pas contraint ni forcé non plus, mais agissez en fonction de ce qu'il faut faire pour y parvenir. Il serait inimaginable de se voir arriver à la fin de sa vie pour commencer à exprimer son regret d'avoir loupé des occasions de toucher du bout des doigts ses rêves sans les avoir réalisé. Quelle frustration !

Je suis conscient que l'idée que cela ne puisse pas paraître raisonnable va totalement à l'encontre de ce que l'on nous a enseigné, en sachant qu'il est socialement plus convenable et politiquement correct de rester dans la logique de la normalité. Mais si vous voulez considérer que ce que vous pensez impossible est en fait totalement possible, alors il faudra vous rendre à l'évidence qu'il faille agir au-delà des réalités que vous percevez. Si vous ne faites pas les choses différemment de vos habitudes, alors rien ne changera et vous serez forcé de survivre aux côtés de ceux qui auront osé.

Repensez à la première fois, bien lointaine soit-elle, que vous êtes monté sur un vélo, aujourd'hui, chacun à la prétention de dire que cela ne s'oublie pas. Malgré le danger, vous vous êtes lancé, sans vous laisser le choix d'y arriver, jusqu'à ce que cela en devienne une seconde nature. Pourquoi s'arrêter en si bon chemin alors que des tâches vous semblant un jour impossible, vous sont devenues logiques et naturelles ?

Réapprenez donc à vivre aux côtés du danger. C'est d'ailleurs depuis notre enfance qu'on essaie toujours de nous protéger de lui. Nos parents nous répétaient d'être prudent. Malheureusement, beaucoup de gens aujourd'hui en sont à l'éviter à tout prix, à tel point qu'ils renoncent clairement à vivre leur vie pleinement.

Pour réaliser quelque chose d'ambitieux, il faut accepter ce danger. Pour vous assurer que celui-ci ne vous tuera pas, mais vous rende plus fort, vous devez vous entraîner afin de pouvoir sauter dans le vide et décoller impérativement avant d'imaginer devoir toucher le sol.

Quand je dis "sauter dans le vide", je ne le conçois pas vous demandant de vous jeter en pâture pour une cause qui n'est pas la vôtre. Il est primordial de savoir, au-delà de toute confiance et de courage dont vous pourriez faire preuve, ce que vous pourriez en ressortir de bon à la finalité.

Ne passez pas à côté de quelque chose qui aurait pu être bénéfique ou valorisant pour vous. Le but étant de passer outre les émotions et le modèle social que vous avez connu pour vous prouver que vous êtes capable et méritez de tendre vers vos objectifs sans l'accord et le jugement d'autrui. Confrontez-vous à vous-même ! Personne d'autre que vous n'a le droit de vous dire que vous n'en êtes pas capable. Vous êtes le seul juge de votre être et de vos décisions. Si vous ne savez pas, demandez, il n'y a aucune honte à ne pas savoir. Continuez à chercher si besoin est, mais ne faites jamais machine arrière, jamais ! Osez vous lancer dans cette vie idéale et ces projets qui n'attendent que vous !


Pour ma part, quand j'ai commencé, j'ai vu que l'heure du grand saut allait sonner. Je n'avais aucunement idée de comment ça allait se manigancer.

Me voilà catapulté dans le vif du sujet. Je gardais confiance en moi, en mes capacités et en ma vision de la satisfaction client que je me devais de procurer. Je ne savais pas vraiment où je mettais les pieds, mais je ne me laissais aucunement le choix d'échouer. Il fallait réussir à délivrer mon service et à donner vie à tout ce que j'avais appris jusqu'ici. Tant de temps à cogiter, à me renseigner, à lire, écouter et étudier. J'y étais, enfin, et me voilà sur le fait accompli que seuls ma responsabilité, mon courage et ma volonté paieraient pour le choix que j'avais fait d'entreprendre une carrière autodidacte et dénuée de toute frustration de créativité. J'avais activé les lois de l'attraction par le travail et mes actions, et attiré à moi les gens et toutes les ressources nécessaires pour me lancer.

Quand je suis donc passé à l'action pour la première fois, toutes les émotions y sont passées. La joie, le stress, le doute, et la remise en cause de toutes mes décisions. Je tremblais comme une feuille lorsqu'il a fallu proposer ma prestation et surtout me vendre. C'était comme un mélange de peur et d'excitation. Je ne connaissais pas vraiment la valeur pécuniaire de mon travail, mais je n'avais pas le choix dans tous les cas de bien faire et de rester sérieux. Tant pis cette fois-ci pour le prix, car au fond, le plus important, c'était d'avoir validé mon premier projet ! Quelle fierté d'avoir franchi le cap, d'avoir osé et d'avoir su convaincre mon client !

C'était donc à mon tour, portant toute mon attention sur ce qui allait en découler pour mon avenir, me rappelant de mes principaux objectifs. Durant les échanges qui ont suivi avec ce premier client, je me suis répété à plusieurs reprises que j'étais capable de gérer mes émotions et que j'étais prêt. Tous mes efforts et mes concessions devaient être les piliers du métier que je voulais pratiquer. Calmant cette émulsion intérieure pour ne pas reporter mon stress sur lui, j'ai donc suivi mon plan d'action et visualisé mon but. Hors de question pour moi de me défiler, j'étais lancé. Concentré, j'ai réalisé ce que je savais faire de mieux sans prétendre à plus. En toute humilité, mais avec cœur et passion, j'ai délivré. Grâce à l'énergie que j'y avais mis, tout s'est bien passé. Satisfaction des deux parties et contrat validé en arborant le résultat de mon labeur. Me voilà propulsé au rang de tatoueur aux vertus entrepreneuriales. On commençait à parler en bien de moi ; je n'en revenais pas.

Il fallait maintenant que je persévère et que je prouve que cette étape était la première d'une longue série. Je ne me serais jamais fait l'affront de me mentir ou de jouer un rôle qui n'était pas fait pour moi, mais ici, tout était clair : ce grand saut avait généré l'adrénaline d'une vie qui m'inspire. Même si j'avais une folle envie de crier ma victoire sur tous les toits après cela, je savais pertinemment qu'il ne fallait pas trop s'emballer et que ce n'était que le début de mon histoire. Bon, j'ai tout de même fêté ça dignement, car même si j'étais loin d'avoir fait des millions, il fallait bien évidemment que je marque le coup pour me souvenir de cette première victoire !

*"Osez vous lancer pour ne jamais rien regretter."*

# CHAPITRE 6

## RODER LA MACHINE

Il était temps maintenant de huiler la mécanique et de faire en sorte d'employer tous les moyens mis à ma disposition pour me lancer à la conquête de ce que je voyais être ma future réussite. Rien ni personne n'aurait pu m'arrêter. Il fallait à présent que je rôde mon système pour entreprendre tout ce qui était en mon pouvoir pour me hisser au top de ce dont j'étais capable d'accomplir. Pour cela, il fallait agir. Agir à la hauteur de mes prétentions, et m'exercer de toutes les manières que ce soit pour perfectionner mon talent et mes connaissances. La route allait être longue et sinueuse, rien n'indiquait ni ne prévoyait ce qu'il s'y passerait, mais tout portait à croire que peu de choses seraient en mesure de stopper le mode BULLDOZER qui s'était activé : être prêt à toute éventualité !

Pour ça, pas de choix possible, il fallait que j'agisse expressément et sans relâche pour accomplir un travail colossal et m'en sortir. Je savais au fond de moi que pour ça, il fallait foncer de tout cœur et mener des actions massives afin d'atteindre mon sommet.

J'adorais ce que je faisais, mais je savais qu'il fallait que je produise une quantité de tâches plus haute que ma normalité pour ne pas perdre de temps. Comme je dis souvent, pour moi, le temps, ce n'est pas de l'argent. L'argent, vous trouverez toujours un moyen d'en faire et d'en gagner, alors que le temps, une fois passé, il ne vous sera jamais restitué. Il fallait donc que je gagne du temps !

Peu importe ce que vous créez, ce qui compte à ce moment-là, c'est d'être productif et ne pas trop en perdre à vous lancer. Quand vous décidez de produire quelque chose, faites-le en grosse quantité, et lancez-vous directement, cela paiera à coup sure. Vous affinerez votre manière d'agir et de produire au fil du temps. Trop en faire n'est jamais mal en soit, mais en faire trop peu si, souvent. C'est l'expérience qui réduira la quantité d'effort à fournir, du moins, qui optimisera votre système et perfectionnera chaque étape de votre processus d'achèvement.

La plupart des gens n'estiment pas correctement la dose de travail qu'il faut fournir pour obtenir les résultats qu'ils veulent. Quand il s'agit de prendre les devants dans la vie, ne réfléchissez jamais en termes d'équilibre, pensez toujours en termes de quantité d'actions importantes et organisées.

Quand on parle d'y aller à fond, d'en faire plus, c'est toujours mieux, alors qu'en faire moins, consciemment, ça ne mène à rien. Quoi que vous puissiez imaginer devoir faire pour réaliser votre travail, n'hésitez pas à monter la barre d'un cran, au-delà de la quantité que vous estimez nécessaire. Souvent, les choses se jouent à un effort supplémentaire. Faites parler l'effet cumulé de chacune d'elles, et contre toute attente, vous obtiendrez naturellement des résultats au-delà de vos espérances. Vous n'en verrez peut-être pas de suite les résultats, mais restez confiant, vos actions mûrissent avec le temps. Mais ce n'est pas un prétexte pour autant ! Ne vous contentez pas du minimum ou de ce que vous avez, vous êtes né pour faire plus que juste aller à l'école, avoir un job, payer des impôts, puis mourir. Ne vous contentez pas de suivre les procédures classiques juste parce que tous les autres le font aussi et que tout doit se résumer ainsi : il n'y a pas de "normalité" lorsque l'on cherche à réussir.

Ne laissez pas non-plus les psychologues en herbe vous convaincre avec leur blabla selon lequel vous devez garder cet "équilibre" dans votre vie ou que vous devriez "arrêter de trop pousser" et "vivre continuellement dans l'instant présent". Je ne dis pas qu'il ne faut pas savoir aussi prendre du bon temps, bien au contraire, mais quand l'heure est venue de s'entretenir avec vos objectifs, il faut y aller ! Ces conseils sont généralement prodigués par ceux qui veulent que vous ayez une vie qui vise la moyenne et n'ont aucune preuve pour appuyer leurs conseils. La plupart d'entre eux n'ont d'ailleurs jamais atteint leur objectifs les plus fous. Personnellement, plus je raye mes objectifs accomplis, mieux je me porte. Moins j'en fais pour les concrétiser, plus je me fatigue et tourne en rond, en ayant cet impression de brasser du vent. Quand il s'agit d'obtenir de grands résultats et de créer une véritable sensation d'accomplissement, vous devez prendre des initiatives qui pousseront votre discipline dans ce sens. Il n'y a aucun moyen de contourner cela. Pour devenir le meilleur dans votre domaine, la clé est très certainement d'être en dehors de tout équilibre, totalement concentré et dévoué à votre activité, et rester toujours dans l'action pour la développer.

Prenez l'exemple des meilleurs sportifs, des grands artistes et des génies de ce monde : C'est en prenant continuellement des initiatives qui peuvent nous paraître absurdes et en faisant corps avec leur "art" que tous sont parvenus au succès et à la réussite. Les bonnes habitudes, les peurs, les doutes, les échecs, les sacrifices, les déceptions, la détermination - tous ces moments et ces émotions cachés par lesquels chaque entrepreneur passe obligatoirement avant qu'on lui dise qu'il a eu de la "chance" de réussir… Nous ne voyons que très peu le travail qu'ils accomplissent dans l'ombre avant de les voir percer et obtenir une certaine renommée, mais nous pouvons dire avec certitude que cette partie immergée de l'iceberg, est sans conteste bien plus massive que tout ce que nous pouvons imaginer.

Vous ne réussirez donc jamais à avoir des résultats extraordinaires sans déployer une tonne d'actions qui iront de paires.

*"La quantité de réussite que vous avez est limitée par la quantité d'actions que vous prenez."*

Personnellement, j'ai vraiment des difficultés à écouter les gens qui vous disent d'arrêter de travailler avec acharnement et suggèrent que vous devriez vous détendre et ralentir. Pour moi, tout ça est une véritable passion dont je me nourris et sans laquelle je me sentirais incomplet. Vous pourrez vous relaxer et vous récompenser une fois que vous aurez réussi à passer le prochain palier, accompli votre objectif même le plus minime et serez serein à l'idée de pouvoir vous détendre. Pour l'instant, prenez des initiatives constructives et prenez-en en quantités massives. Il y a effectivement un temps pour tout, mais quand c'est le moment de travailler peu de choses doivent vous en détourner.

Réfléchissez à votre vie de tous les jours : si vous souhaitez vous diriger n'importe où dans la vie, vous devez obligatoirement prendre des initiatives sans qu'on vous le dises. Si vous voulez voyager, vous devez mettre du carburant dans votre véhicule et prendre la route ; cela va de soi, mais vous le faite. Si vous voulez construire une maison, vous devez engager les corps de métiers adéquats et en poser les fondations. Donc c'est pareil pour obtenir des résultats, il faut agir ! Vous ne devez jamais rester inactif à juste y penser, mais toujours déployer les efforts nécessaires pour atteindre ceux-ci. Peu importe qui vous êtes et ce que vous avez fait dans la vie, il est évident que vous devez déployer ce trait de caractère. Rien ne se fera par la magie d'un souhait.

J'ai donc appris à mes dépens que rien ne me tomberais tout cuit dans le bec si je ne passais pas à l'action dès maintenant. Ce n'était pas parce que j'avais réussi une fois à vendre et à répondre à un besoin avec succès que tout continuerait à fonctionner comme sur des roulettes. Rien n'est jamais acquis, c'est un travail permanent et de longues haleines ; une machine qu'il faudra polir et chérir, mais surtout alimenter.

Ma conception et mon plan d'action se devaient d'être rôdé pour attiser les foules et bien m'en occuper. De la prospection à la vente, de la théorie à la pratique, de la technique au perfectionnement, de l'élargissement de mon réseau à l'image de marque que je souhaitais représenter. Tout était bon pour contrôler l'entièreté de ce que j'avais décidé d'entreprendre.

## Créer une expérience unique pour ses clients

Je ne pouvais évidemment pas me contenter d'amener un prospect qui ne me connaissait pas directement dans ma boutique !

Ce n'est pas en essayant de vendre quelque chose à quelqu'un qui n'en a pas besoin que vous gagnerez du temps ! Au contraire, vous userez de l'énergie inutilement. Perfectionniste ou pas, que votre boutique reflète le luxe ou le bien-être, que ce soit en ligne ou physiquement, que votre produit vous semble parfait, il sera évidemment très difficile de vendre à quelqu'un qui ne vous connaît pas, qui ne vous fait pas encore confiance et à qui vous aurez tout à prouver pour le convaincre d'acheter.

J'ai par conséquent constaté avec les années qu'il ne faut jamais lésiner sur la quantité de valeur à apporter. La façon d'aborder, votre manière de vous présenter ou de présenter vos produits, sont toutes aussi importantes que de présenter une solution qui a du sens, une solution dans laquelle on peut se projeter ou que l'on puisse déjà en ressentir le résultat.

Le but n'étant pas que vous vous épuisiez à devoir crier sur tous les toits ce que vous faites ou ce que vous voulez offrir au monde. Ni d'interpeller et de mettre la pression à vos potentiels acheteurs ou d'ameuter les foules comme un marchand de tapis. Ça a peut-être pu fonctionner un temps, mais de nos jours les rabatteurs ne font plus long feu.

Réfléchissez et repensez à votre expérience client et ce qui déclenche votre envie d'acheter. Qu'elle est votre réaction si un vendeur vous saute à la gorge pour vous vendre son produit à peine le premier orteil franchit ? Il est évident que ça ne vous donne que l'envie de fuir !

Au contraire, un vendeur à votre écoute, qui comprend votre besoin et s'implique à chercher la meilleure solution pour vous et vous accorde une véritable importance, saura faire toute la différence. Il est donc préférable d'apporter de la valeur, des conseils et de la bienveillance avant de demander quoi que ce soit en échange. Sachez que les gens achètent par le biais de leurs émotions et se rassurent par des arguments logiques et rationnels qui contreviennent via leurs croyances les plus ancrées. N'allez donc pas proposer n'importe quoi sans y réfléchir au préalable juste en jouant de ces biais cognitifs. Choisissez stratégiquement ce que vous souhaitez offrir au monde pour augmenter l'envie. La satisfaction du besoin client est la clé de toute vente.



Quand j'étais tatoueur, je n'ai jamais forcé personne à venir me voir ou à se payer mes services en échange de mon art. Après avoir ajouté sur le chemin un album photos et un carnet de motif prêt à l'emploi qui respectaient ce que je faisais de mieux, les gens qui m'avaient découvert sur les réseaux sociaux ou par recommandation finissaient toujours par arriver à mon comptoir avec une idée précise de ce qu'ils souhaitaient.

Évidemment, je prenais le temps d'échanger avec eux par mail ou par message privé s'ils n'étaient pas de la région. L'automatisation du premier message qu'ils recevaient leur permettaient d'avoir tout le listing d'informations que je devais posséder pour engager la conversation. C'était pour moi une manière d'obtenir toutes les infos dont j'avais besoin, de voir si mes prospects étaient vraiment ceux que je souhaitais spécifiquement cibler, mais aussi de savoir comment j'allais les aborder. Mes travaux étaient partagés régulièrement sur internet pour créer du contenu et toujours être présent dans leur tête. Enfin, je leur proposais de temps en temps des motifs que je voulais personnellement réaliser en y attachant une offre que l'on ne pouvait refuser.

Pas de surprise, ils savaient déjà à quoi s'attendre et ce qu'ils obtiendraient, et de mon côté, je savais pertinemment de quoi j'allais parler.

*"Si les gens vous apprécient, ils vous écouteront, mais s'ils ont confiance en vous, ils feront affaire avec vous."* - Zig Ziglar.

Maintenant que j'étais lancé, il fallait à tout prix que je sois sûre de pouvoir prospérer ; de pouvoir avancer, me perfectionner et me hisser en haut du panier sans avoir à remettre en question le choix de vocation que j'avais décidé d'arpenter. Il fallait que je me sorte de la tête tous ces chemins professionnels que l'on m'avait proposé. Électricien industriel, vendeur en magasin de sport, peintre en construction navale, agent de sécurité sur de grandes festivités, docker sur les quais de la ville de Saint-Nazaire où je suis né - tous ces choix pour un avenir tout tracé pour lesquels j'avais majoritairement déjà travaillé. La facilité me tendait les bras, la sécurité des payes récurrentes étaient présentes, mais même si j'étais jeune et dans le besoin de me construire et de m'enrichir, cette petite voix à continuellement résonner en moi ; ma place était ailleurs, la direction que j'avais prise m'animait et j'étais déterminé à expérimenter et réussir dans cette voie.

Personne n'est jamais sûr de rien quand il s'engage sur un nouveau sillage. Personne n'est jamais à l'abri de quoi que ce soit quand il souhaite consolider sa présence sur le marché. Mais tout le monde est en mesure de trouver ce qui lui correspond pour vivre des expériences marquantes qui le feront progresser.

# CHAPITRE 7

## PRÉSENTER SANS PRÉVENIR

J'ai pu apprendre avec les années qu'il valait mieux montrer le résultat de notre travail plutôt que d'en parler. Que les actes avaient bien plus de valeur et de sens que les paroles. Parler de ses objectifs à demi-mesure, c'est bien, mais les réaliser c'est mieux. Mais qu'il était préférable de maintenir son entourage dans l'incertitude et le flou de ce que vous préparez afin de se protéger.

Ce n'est pas le tout de rêver de grandeur et de réussite, si vous voulez "conquérir votre monde" il va bien falloir un moment passer à l'action ! Personne ne voit vos pensées, personne ne peut les conceptualiser à votre place et mieux que vous, et ce n'est pas en usant de ce cerveau droit, créatif et rêveur, que ces images se modéliseront par magie devant vous. Vous ne matérialiserez pas vos idées sans vous retrousser les manches ou en regardant Netflix. Et bien que j'aime me divertir sur ces plates-formes, mise à part m'imaginer aux côtés du héros durant leurs aventures, une fois la télévision éteinte, le retour à la réalité ne me fait jamais grandement avancer.

Mais je fais tout de même parti de ces grands rêveurs. Évoquant des péripéties nocturnes totalement délirantes et impensables. Pas un matin sans me dire : « Oh, mais ce serait extraordinaire si ça pouvait exister ! » Ce qui m'entraîne à dire que je possède cette faculté de pouvoir conceptualiser chaque chose que je souhaite ou imagine, m'amusant souvent à visualiser l'ensemble d'un événement futur et à le retranscrire dans les détails sur papier ; une touche d'utopie sans nom pour magnifier le tout, comme je l'imaginerai dans le meilleur des mondes.

Bien qu'il soit essentiel de diriger ses pensées de manière à ne créer que des conditions favorables pour progresser, sachez que c'est votre monde intérieur qui crée votre monde extérieur. Tout ce que vous déclarez mentalement, tout ce que vous ressentez être vrai, votre subconscient finira par l'accepter et le manifester dans votre vie (tant que celui-ci ne part pas trop loin dans la science-fiction évidemment). Si cela est plausible, aucune raison que ça ne se fasse pas. Tout dépend encore une fois de vous et de votre force de persuasion à admettre que cela "doit" se faire et peut se réaliser.

Mais l'expérience montre qu'il sera toujours important d'avoir un côté pragmatique et rationnel qui nous raccroche à la réalité qui nous entoure - de garder les pieds sur terre et d'agir dans la vie réelle afin de faire apparaître le résultat de votre pensée créatrice - car même si tout ce que nous réalisons est précédé d'une image, d'une émotion, d'une intention, voir même de sensation, c'est dans ce monde tangible que tout se produit.

Dans un premier temps, il nous faut penser pour former cette image, puis nous effectuons le travail, agissant dans les règles du jeu de sa mise en œuvre. Je trouve d'ailleurs formidable que l'imagination créatrice ne donne aucune limite à l'esprit de l'homme.

*"Tout ce que l'homme est capable d'imaginer, il peut le créer."*

Réalisez que vous êtes "l'architecte mentale" de votre destin, celui qui possède le plein pouvoir sur votre avenir, celui qui dispose de tout l'arsenal nécessaire pour affronter, mais surtout modeler le futur dont vous avez rêvé. Pour vous aider et continuer de croire en vous, dites-vous sincèrement que si vous êtes capable de visualiser et de croire, vous êtes capable de le faire. Une bonne idée, c'est souvent tout ce qu'il faut pour réussir. Elles ne seront certainement pas toutes bonnes, mais elles auront au moins eu le mérite d'avoir existé.

Cela dit, pour matérialiser vos idées, il sera toujours important de les étudier, d'organiser chaque séquence de manière à constamment les faire évoluer jusqu'à les rendre véritables. Progressez méthodiquement pour ne pas en dévier, et rester sur les rails pour ne pas vous disperser…et les oublier. Prenez note également de tout ce qui vous semble invraisemblable, la réalité des choses fluctue constamment, et comme je me répète à le dire, rarement comme ce que l'on pense qu'elles seront !

Vous me direz que l'idéal est d'en parler autour de vous, de divulguer les secrets de votre projet et de demander conseil à quiconque serait en position de vous écouter. Je vous répondrais donc : Faux et Dangereux.

Pour avoir à une époque été du genre à en dire plus que je n'en faisais, non pas par vantardise, mais plutôt par l'envie et l'engouement de faire bien et d'en faire toujours plus, mon côté entier et spontané m'a vite fait comprendre qu'il valait parfois mieux apprendre à se taire et écouter. Les belles idées, c'est bien, mais agir dans le silence, c'est souvent mieux - à part parler pour ne rien dire.

Cela évite par la même occasion les déceptions, les foudres qui s'abattent sur des promesses non tenues, la perte de confiance en soi et les désillusions face aux personnes ayant pris pour acquis vos dires et dans l'attente de résultats.

Apprenez donc à travailler dans l'ombre, à concocter et peaufiner vos idées, loin des regards critiques et du jugement d'autrui. Même si celui-ci ne vous touche guère, protégez-vous des tirs et ne soyez pas trop expressif avant de voir une lueur de résultat positif. Ne vous portez pas préjudice avant de présenter ce que vous allez faire à ce monde sans pitié et prêt à vous descendre gratuitement.

Ne perdez jamais l'estime que les gens ont de vous sous prétexte que vous avez joué le beau-parleur avant de montrer que vous allez jusqu'au bout des choses et de ce que vous dites. Sachez surprendre, créer l'effet de surprise et l'étonnement. Dissimulez votre but et vos idées derrière un épais écran de fumée.

En business, l'effet de surprise est une tactique puissante à utiliser dans les relations publiques. Si une entreprise peut réaliser un coup de pub majeur, elle attirera certainement plus d'attention qu'en faisant juste ce qu'elle sait faire, ce que les gens connaissent d'elle, et attendre.

L'élément surprenant peut prendre la forme d'un événement, d'un nouveau produit ou même simplement d'une mise à jour avec de nouvelles informations. Le but est de présenter quelque chose que les gens ne s'attendaient pas à voir apparaître et de créer cet effet de surprise, cet effet "Woaw, il l'a fait !"

Cette tactique peut être utilisée pour presque n'importe quel type de circonstance ou d'industrie et est généralement couronnée de succès, car inattendue. Elle peut être utilisée pour créer une impression durable dans l'esprit des gens, à les amener à parler de vous, de votre produit ou vos services. Dites-vous une chose : qu'ils parlent en bien ou mal de vous ou de ce que vous faites, du moment qu'ils parlent de vous, c'est toujours ça de gagné. Vous userez de leur énergie et de leur temps pour semer des graines à votre sujet, et celles-ci germeront dans leur tête en ne leur laissant d'autres choix que d'aller vérifier par eux-mêmes, de se faire leurs propres avis, tout en attisant leur curiosité et en vous apportant leur intérêt.

Il est donc préférable de garder cette part de mystère afin de vous protéger ; vous laissez libre de canaliser la juste quantité d'énergie que vous estimerez nécessaire à l'instant $t$, pour le bon déroulement de ce que vous entreprendrez ; de ne pas avoir à subir de pression extérieure qui risquerait finalement de vous ralentir, voire de vous stopper dans votre élan.

Créez l'effet d'une bombe pour vous faire remarquer, sans avoir à divulguer le processus et les longues heures de travail qu'il vous aura fallu, la partie immergée de l'iceberg à laquelle il aura fallu se confronter pour y arriver. Ne divulguez les problématiques rencontrées que si on vous les demande.

Savoir impressionner ou même gêner de manière inopinée aura toujours plus d'impact sur les résultats escomptés. Sachez montrer que vous n'êtes pas simplement ce que les gens pensent de vous, imposez-vous comme figure d'autorité dans votre milieu ou sur votre marché en envoyant toutes vos tripes au travers d'un instant de surprise.

Deux règles simples s'appliquent à cela :

**Règle n°1 :** ne jamais délivrer tous ses secrets.
**Règle n°2 :** …

Comme je viens de vous le dire, ne délivrez jamais tous vos secrets !

Fiez-vous à ces règles déconcertantes qui vous permettront d'attiser la curiosité et de susciter l'intérêt. Rien n'en saura plus frustrant vis à vis de ceux qui ne croient qu'à moitié en vous ou qui auraient des préjugés malintentionnés sur votre réussite. Passez outre les mauvaises langues en leur prouvant que vous êtes capable de réaliser de grandes et belles choses, et laissez sur place tout ceux qui n'auraient jamais misé sur votre évolution.

Vous n'avez rien à prouver à personne à part vous que vous êtes capables d'avancer vers vos objectifs. Quelle qu'en soit votre vitesse d'exécution, ce sont toutes ces étapes tapies dans le silence qui paieront. Faites toujours ce que vous pensez être bon et gardez ça pour vous, mais pas trop ! Sachez aussi laisser transparaître certains indices montrant que vous travaillez dans le secret, laissant entrevoir que quelque chose se prépare par le biais de certains indices. C'est pour cela qu'au lieu de vous taire complètement en laissant le doute et les soupçons planer à votre égard, lâchez des brides de ce que vous préparez, de votre but ou de ce que vous convoitez - mais pas forcément les vrais ni ceux d'actualité. Sous des aspects amicaux, confiants de pouvoir ouvertement en parler, vous aurez l'opportunité de dissimuler vos véritables intentions finales, laissant face à de fausses pistes tous ceux qui vous attendent au tournant. C'est ce que j'ai fait avec ce livre, laissant parfois des semaines voire des mois sans en parler. De tant à autres, je disais que je travaillais dessus, sachant pertinemment que beaucoup devaient penser "encore un qui s'invente un nouveau métier, on en verra jamais la couleur…" Pas un mot plus haut que l'autre : "ne vous inquiétez pas, *le chemin est long, du projet à la chose…*" (Molière).

À l'instar d'Apple, qui use de cette technique marketing en levant le voile après des mois d'attente, faisant saliver leurs consommateurs par le biais de "fuites" intelligemment contrôlées. C'est en partie pour cela qu'ils sont les rois du buzz lorsque leurs nouveautés arrivent sur le marché ; j'ai toujours trouvé ça très futé. Tout est savamment calculé, jamais rien n'est livré avant l'heure qu'ils auront décidés, restant toujours maître de ce qu'ils prennent le temps de construire.

Leur événement annuel, la Keynote, est bien évidemment commentée par tous les médias du monde entier et toute la planète est mis au courant au même moment. C'est impossible de ne pas en entendre parler. Même si vous ne voulez pas acheter d'iPhone, vous en entendrez forcément parler. Leurs événements sont de véritables spectacles et, surtout, d'énormes lancements de produits auxquels la terre entière participe activement. Ce qui est encore plus frappant, c'est qu'ils ne communiquent que très peu sur leurs nouveaux produits avant leur sortie. Pourtant, tout le monde en parle. La presse, les médias, vous et moi… Ils inondent votre espace mental sans même avoir délivré la face cachée, mais quand eux décident que c'est le moment !

C'est pour cela qu'il est difficile de croire qu'Apple ne participe pas à ses fuites autour des fonctionnalités de leurs nouveaux appareils. En tout cas, on sait qu'ils ne démentent jamais les rumeurs, certainement parce qu'elles en profitent directement. Après tout, même si ces rumeurs étaient vraies, et elles le sont souvent, pourquoi les démentir si ça fait parler ?

Quoi qu'il en soit, ce show autour de ces téléphones profite bien à Apple et s'il y a autant de rumeurs et de fuites autour de leurs nouveaux produits, ce n'est pas dû au hasard, loin de là.

Au fil des années, la Pomme a pris soin de rendre ses événements grandioses et mémorables avec la surprise et des nouveautés auxquelles personne ne s'attendait. Faites-en autant à votre échelle, même si cela vous en coûte d'entendre vos haters râler ou tenter de se payer votre tête.

Effectivement, ces petits secrets que nous cache cette société nous font beaucoup parler parce que nous sommes tous un peu curieux et aimons souvent nous entendre dire : "t'as vu, je te l'avais dit !"


Le secret créent donc le buzz et l'émotion, alors ne vous contentez pas de lancer un nouveau produit ou service du jour au lendemain. Personne ne comprendra. Construisez plutôt une véritable attente autour de celui-ci. Parlez-en autour de vous pour prévenir vos clients, vos fans et vos abonnés s'il le faut. C'est comme ça que vous arriverez à vendre rapidement une nouveauté.

C'est donc pour cela que l'expression "savoir travailler en silence" ne signifie pas seulement attendre une opportunité, mais signifie aussi se taire délibérément et réprimer ses intentions, car c'est une façon de créer la surprise autour de soi. Faire ressentir aux gens ne nécessite pas nécessairement des mots, mais cela nécessite de la réflexion - et c'est ainsi que vous pourrez considérer le silence comme un puissant allié, mais aussi une arme pour attirer l'attention.

*"Lorsque vous n'avez rien à dire, faites quelque chose qui fera parler de vous."*

J'ai pu constater avec le temps que les gens étaient souvent plus enclin à vous présenter leur respect quand ils perçoivent la résultante de votre travail dûment accompli. Je ne dis pas de chercher à en mettre plein la vue pour satisfaire votre ego, mais de vraiment tout faire pour accomplir vos dires ; d'aller au bout des défis que vous vous êtes relevés et d'appuyer sur le fait que présenter sans prévenir est une manière de prouver que tout ce qui part d'une pensée, d'un rêve ou d'une discussion lambda peut être accompli. Du chemin intérieur parcouru jusqu'à la mise en lumière du concept prédit, vous vous assurerez l'image d'une personne sérieuse, consciencieuse et respectable.

# CHAPITRE 8

## LA PUISSANCE DE L'ENGAGEMENT

Lorsque j'ai pris la décision d'aller jusqu'au bout de tout ce que j'entreprenais et d'y aller à fond jusqu'à obtenir les résultats que j'escomptais, je me suis vite aperçu de la puissance de l'engagement, que ce soit verbalement ou par écrit. J'ai pu constater que tant que l'on ne s'était pas réellement engagé, nous avions tendance à hésiter, parfois à reculer. Nos prises de risques pouvaient devenir indécises, et l'on perdait rapidement en vivacité d'esprit. Notre cerveau se glace, nos actions ralentissent et nos prises de décisions s'en voient altérées. J'étais donc prêt à me donner corps et âme pour une quête de liberté et d'y aller à cent pour cent pour chaque mission que je m'étais fixée. J'ai d'ailleurs toujours eu l'intime conviction que le temps jouait en notre faveur lorsque l'on insistait sur le fait de s'engager sincèrement. Ce livre en est d'ailleurs un exemple concret. Certes, il aura mis un certain temps à voir le jour, mais je me suis engagé à l'écrire coûte que coûte. Peu importe ce qu'il se passerait entre temps dans ma vie, les difficultés rencontrées, où le temps que j'aurais à y consacrer, j'ai signé ce contrat avec moi-même pour vous le partager.

Je n'ai jamais été du genre à me laisser abattre par les événements, à trouver des excuses pour éviter de me confronter à l'inconnu. Je n'ai pas dit que sortir de sa zone de confort n'était pas souvent malaisant, juste que chacun de mes choix ou de mes convictions devaient être accomplis. Chaque fois que la peur me fige, c'est pour moi une opportunité de me mettre un coup de pied au derrière pour avancer, souvent pour du bon. La décision était donc prise : je serai aux commandes de la vie que j'avais choisie. Pour ça, il fallait que je vois plus grand, que je ressente le fait que cela serve à quelque chose et que je me sente utile à ce monde ; qu'il fallait que je vois au-delà de ma propre perception des choses, que je résonne avec un pas d'avance. Ce monde n'a pas besoin de plus de gens qui restreignent leur vision de la vie, il a besoin de gens qui sortent de leur bulle pour voir que des possibilités infinies sont à leur portée. S'impliquer, c'est déjà très bien, mais se promettre de rester dans l'action et jusqu'au bout doit clairement devenir une habitude pour parvenir à ses fins et avancer. Cela peut paraître effrayant de prime à bord, mais tellement challengeant quand on est déterminé à mener sa barque jusqu'à bon port. C'est comme switcher d'un radeau aux commandes d'un paquebot, ça parait compliqué et hors de portée à maîtriser, mais finalement la juste continuité. Vous ne pouvez pas savoir ce que vous n'avez pas encore appris, mais c'est en vous y engageant pour évoluer que vous y parviendrez.

## S'engager à aider

J'ai toujours souhaité apporter de la valeur aux gens, apporter du changement, partager mes découvertes et les aider à prendre les bonnes décisions pour qu'ils puissent vivre une vie meilleure ; leur apporter confiance, soutien, joie et épanouissement dans leur projet. J'ai sans cesse cherché à faire de mon mieux, parfois même avec un excès de perfectionnisme inutile ; mais le but étant de continuellement trouver des solutions pour améliorer mon environnement, m'améliorer professionnellement, et satisfaire le besoin de mes amis et clients.

J'ai pris ce pli avec tous mes apprentis. Je n'ai peut-être pas été le plus pédagogue des "maîtres", mais le fait d'avoir eu cette volonté de transmettre mon savoir à vu tout de même naître des artistes qui ont su trouver leur voie et aujourd'hui une belle reconnaissance dans leur milieu. J'ai surtout pu constater qu'en m'engageant à élever ces personnes au même niveau, si ce n'est plus haut que moi, j'en apprenais tout autant en même temps. Mais là n'est pas la question. J'ai pu voir que ce véritable engagement apportait des résultats époustouflants quand il était instauré avec une date limite dans le temps.

Lorsque j'ai admis sérieusement le fait qu'il était de mon devoir de partager mon savoir avec ma première apprentie, je lui ai promis qu'elle parviendrait à connaître tout ce que je savais en deux fois moins de temps qu'il m'en avait fallu pour être là où j'en étais. Notre travail a porté ses fruits, elle y est parvenue brillamment. Dans les années qui ont suivi, me voyant toujours apprendre et évoluer, j'ai décidé de réitérer l'expérience avec un nouvel apprenti, mais surtout avec un nouveau challenge : je me suis engagé à faire en sorte que ce que la première avait fait, il serait apte et en mesure de le faire en deux fois moins de temps que sa prédécesseur. Partant du même point, il y est parvenu également. Voilà un exemple de la puissance de s'engager à partager et d'y aller à fond sans rien délaisser. Cela n'apporte que du bon et aide les gens.

Il est désormais l'heure d'entrer en jeu et de voir les choses plus grandes. Tout ne peut pas toujours tourner autour de vous et de votre ego, vous devez vous engager à inclure la nécessité d'apporter de la valeur à autrui. Car en plus d'avoir le potentiel d'impacter des vies, vous pourrez même être payé pour ça, mais surtout en tirer des bénéfices utiles et satisfaisants.

Ne pensez pas que tout doit aller uniquement dans un sens, il est nécessaire que tout le monde en profite. Usez de vos talents pour contribuer à l'évolution de votre domaine de compétence et en faire profiter les gens. Arrêtez de suite d'imaginer devoir collectionner des compétences sans importance et voyez à quel point vous avez déjà des dons ou du talent. Oui, vous en avez, on en a tous, et vous avez le devoir de les partager au reste du monde. Comme je vous l'ai déjà dit, ne gardez pas tout égoïstement. Ce n'est pas parce que vous avez pu constater les vastes possibilités qui vous sont ouvertes, qu'il faut accumuler toujours plus d'informations au risque de devoir délaisser ce que vous avez déjà appris sans avoir pris la peine de les partager.

Engagez-vous à partager votre savoir, vos valeurs et vos compétences avec autant de gens que possible et stoppez l'idée que cela n'intéressera personne, c'est totalement faux ! Si cela a attisé un jour votre curiosité ou est apparu sur votre chemin, c'est qu'il est de votre devoir de les partager et de susciter celle de ceux qui seraient susceptibles de s'y intéresser.

## S'engager à évoluer

Si vous êtes aujourd'hui dans l'optique de vous développer professionnellement, engagez-vous véritablement à faire ce pour quoi vous êtes déjà réellement doué et le nécessaire pour ce que vous désirez, cela scellera vos convictions et vos idées pour pouvoir progresser vers vos objectifs. Si vous hésitez pour X ou Y raison, vous pouvez d'ores et déjà être sûr de ne probablement jamais évoluer comme vous l'auriez imaginé. Si vous n'êtes pas prêt à agir de la sorte, ne vous positionnez alors jamais en tant que victime ou ne vous cherchez pas d'excuses, ça ne fera que vous éloigner de ce que vous pourriez clairement être capable d'obtenir. À contrario, si vous vous engagez dès maintenant à mettre votre plein potentiel en action, vous verrez ce qu'est de vivre pleinement.

Rester sur un niveau de latence à attendre que la vie se passe est une manière d'oublier et de nier son existence. En restant inactif trop longtemps à vous abrutir devant votre écran, la vie ne vous octroiera aucune faveur. Engagement ou pas, rien n'avancera.

Levez la tête un instant et rendez-vous compte que vous êtes vivant. N'ayez pas peur de vous dire que vous l'êtes et engagez-vous à exprimer pleinement et dès maintenant qui vous êtes réellement. Engagez-vous à mettre sur pied toutes ces grandes idées qui trottent depuis toujours dans votre tête et faites la différence en les manifestant au présent. Si vous restez indécis trop longtemps, soyez sûr que vous n'obtiendrez aucun résultat, aucune garantie, aucune récompense. Engagez-vous envers vous-même pour vous rendre compte que votre vie ne finira jamais d'évoluer !

N'oubliez pas, à chaque fois que vous vous engagerez vers un objectif, vous diminuez déjà l'écart qui vous en sépare.

## S'engager à réussir

S'engager à réussir sa vie professionnelle est loin d'être une promenade de santé, et je ne suis pas le seul à le penser. L'expérience m'a démontré que le courage, la concentration, la connaissance et l'ensemble des efforts que l'on pouvait déployer nous permettaient déjà de faire un bond énorme vers la réussite. Si vous vous engagez à croire en vous et à persévérer dans cette mentalité, vous en renforcerez l'idée. Je ne connais personne qui ai atteint ses objectifs de vie juste en s'y intéressant ; vous devez vous y engager clairement !

Voici quelques exemples de questions que je me suis posées lorsque j'ai pris la décision de faire grandir mes ambitions :

"Suis-je prêt à faire des sacrifices pour obtenir ma liberté financière ? Suis-je prêt à renoncer à certains de mes passe-temps favoris pour réussir ma carrière ? Suis-je prêt à donner tout mon temps, mon énergie et à investir tous mes premiers deniers sans assurance que cela va fonctionner ?"

Il est vrai que cela pousse à changer certaines de nos habitudes, mais si cela vous tient à cœur, il y a fort à parier que vous pouvez relever le défi.

J'ai pu constater que ceux qui réussissent s'engagent à ne pas laisser leur vie défiler sans s'y confronter, ils répondent à toutes ces questions, s'engageant sur un laps de temps bien défini pour réussir et obtenir tout ce qu'ils désirent pour se sentir accompli.

Il est facile de rester coincé dans la routine de notre vie quotidienne, mais ne serait-ce pas d'un ennui monstrueux ? Je pense, affreusement ennuyeux. Nous devrions plus souvent reconnecter avec ce qui nous entoure et nous réveiller pour nous engager dans ce que nous voulons vraiment. De cette façon, cela donnerait bien plus de sens à notre vie. Souvent, les gens reviennent sur leur décision parce qu'ils pensent qu'il est trop tard ou trop difficile de faire face aux conséquences. Ils changent d'avis constamment et ne tiennent pas leurs engagements. Je vous accorde qu'il n'est pas facile de s'en tenir à ses choix, ce sera pourtant nécessaire pour obtenir une vie riche et faisant sens.

## S'engager fait vivre

Quand j'ai commencé à user de la puissance de l'engagement, un sentiment d'apaisement, de sérénité et de liberté a commencé à se profiler. Je sentais l'adrénaline monter, pas de stress, mais de l'excitation. Je savais où j'allais et vers quoi je tendais. Je sentais ma vie se renforcer, me confortant encore une fois dans la voie que j'avais choisi d'emprunter. J'ai toujours cette légère crainte au fond qui tente de m'en éloigner, mais je crois particulièrement en cette force de persuasion que nous sommes tous capables de canaliser pour nous éveiller et faire de véritables choix pour le futur de notre existence. Lorsque j'ai tout quitté pour me remettre à nu face à de nouvelles conditions de marché, le feu qui brûlait en moi ne m'a laissé d'autres choix que de m'engager à tout recommencer. Pas n'importe comment : en m'engageant profondément à réaliser une nouvelle fois des choses qui m'apparaissaient comme être "de grandes choses" pour mon bien, ceux qui comptent pour moi, et ceux qui auraient besoin de moi. Hors de question de faiblir et de me laisser aller, je me suis engagé à faire de mon mieux pour reconstruire les bases de mon futur "moi".

Nous ne naissons peut-être pas avec la gloire ou l'argent, mais nous sommes tous nés riches et dotés de grandes capacités. Le seul jeu auquel la vie nous demande de jouer est de savoir en quoi la nôtre est si exceptionnelle. Pour quoi sommes-nous fait et en quoi cela nous sortira des tracas d'une vie moyenne dans laquelle il est si facile de s'installer ? Le choix de s'engager demande une grande quantité d'énergie, mais va de pair avec le fait de prendre la responsabilité de créer notre réalité. Toute la motivation que l'on vous insufflera sur cette terre n'aura d'impact que si vous décidez de vous lever pour faire le premier pas. C'est pour cela qu'il sera absolument nécessaire de croire en votre potentiel. Si vous ne vous sentez pas pleinement en phase avec la croyance que tout est possible pour améliorer votre vie, vous risqueriez très vraisemblablement de passer à côté de tout ce que vous êtes capable de créer sans jamais connaître la véritable réalité qui vous est destinée. Il n'y a peut-être pas d'alternative dans l'engagement, mais cette ligne directrice ne vous permettra jamais de vous égarer sur d'autres chemins que celui qui vous est dédié. Elle vous guidera.

Il y a une expression qui dit : *"Aide-toi et l'Univers te soutiendra"*.

J'ajouterai : "Commence par t'y engager !"

C'est en proclamant haut et fort que vous vous engager à… que le charme opérera…

*Pour abonder dans le sens de ton approche managériale, terme dans l'air du temps, on disait à mon époque, l'approche d'une âme de Chef, il est important de définir plusieurs principes de base, qui caractérisent un ou une "battante".*

*Il y a trois types de personnalités principales :*

*Le chef, le leader, l'entrepreneur. À l'opposé de l'exécutant soumis, celui où celle qui ne prendra aucune initiative, mais qui surtout doutera toujours de ses capacités.*

*Au centre, tu trouveras le suiveur, celui qui ne voudra surtout pas se mettre en avant, mais qui sera un parfait exécutant, avec toute la connaissance nécessaire à l'exécution de la procédure, ou des tâches, mais il n'ira pas au-delà pour diverses raisons, soit par conviction personnelle, par procrastination, par manque de désir d'avancer.*

*Au travers du prisme de ces trois grands types de caractères, tu trouveras une multitude de profils, à toi en tant que chef, de savoir trouver dans tes hommes, ceux qui :*

*1) possèdent les savoirs et surtout les savoir-faire. Quels intérêts si tu as trouvé une personne qui a les compétences, mais qui ne souhaite pas les mettre en œuvre dans son domaine malgré ses capacités d'exécution.*

*2) ont la capacité d'analyse d'une situation donnée, l'évaluation de la réalisation de la tâche en analysant tous les paramètres à disposition, quitte à procéder à une enquête précise en amont. Bien sûr, lorsque c'est techniquement réalisable.*

*3) développent une capacité d'adaptation à l'évolution d'une situation initiale, non prévisible, qui échappe brusquement, ou doucement mais sûrement à ce qu'elle était au départ de l'action.*

*C'est là que l'âme du Chef se décèle. Il y a celui qui saura s'adapter immédiatement, qui prendra la bonne décision. Et il y aura celui qui sera incapable de se ressaisir, et adapter son initiative initiale au nouveau contexte. À celle ou celui-là, tout "baigne" si la vie est un long fleuve tranquille. Mais attention au moindre coup de trafalgar.*

*En fait, tous les corps structurés et régaliens ont de par leur destination, une appétence pour ce type hiérarchique pyramidal. Un chef, des sous-chefs et des servants. C'est le propre de la hiérarchie militaire, administrative, etc...*

*Par exemple l'Officier, le sous-officier, et l'homme du rang. Dans l'administration, le cadre A, le cadre B, et la catégorie C.*

*En fait, si chacun est à sa place, qu'il connaît parfaitement ses différents métiers, qu'il exécute les ordres qui viennent de l'échelon supérieur, tout va bien, la pyramide est stable, la boîte tourne. Par contre, dès qu'une décision du niveau supérieur est remise en question, le doute s'installe, la belle harmonie managériale se bloque et...*

*Importance capitale de l'acquisition des compétences dans son domaine, mais surtout la permanence de la compétence. A savoir, la remise en cause durant toute une carrière de ces dernières. Évolution technologique, technique, humaine, connaissances de nouveaux matériels et de techniques de mise en œuvre. Pour info, ça a été mon boulot d'officier durant plusieurs années, Chef du service de la prospective et de la mise en œuvre opérationnelle. En adaptation et adéquation avec de nouveaux risques, par exemple, comment intervenir en toute sécurité pour les victimes et les intervenants sur un accident de la circulation impliquant un véhicule électrique. En sachant que : batteries avec fort ampérage, 400 ou 800 volts en continu. Risques de feu, risques lors de la désincarcération, on ne coupe pas n'importe où et n'importe comment.*

*Donc recherche avec les constructeurs, mise en place de coupe-circuit, édition de fiches d'intervention pour les secours, de consignes opérationnelles, formations adaptées dans les casernes, définition des besoins*

*en matériels avec les constructeurs de véhicules d'incendie et de secours, mise en place de procédures d'achat avec l'élaboration de cahiers des charges...*
*Intégration dans les instructions de base.*

*Voilà mon Rudy, un petit aperçu d'un déroulé de manager hyper spécialisé.*

*Mais important, lorsque que tu demandes l'exécution d'une tâche quelle qu'elle soit, il faut la connaître et savoir l'exécuter, sinon tu perds ta crédibilité de Chef.*

*C'est probablement différent dans les domaines de management en entreprise, quoique. Regarde les vieilles entreprises familiales qui sont devenues des poids lourds, exemple d'Eram, tu pourras en parler à Olivier qui a bossé avec son père, de Manitou à Ancenis, et bien d'autres, comme Michelin, les enfants, malgré leurs études dans les plus grandes écoles de commerce, passent par la case départ, en atelier avec les ouvriers pour maîtriser les savoir-faire, et être crédibles ensuite comme managers. Si le système se casse la gueule actuellement, c'est que les fondamentaux ne sont plus respectés.*

*Le cadre hiérarchique pyramidal à l'ancienne, ne peut être systématiquement remplacé par un système managérial circulaire, le brainstorming ne peut être diffusé partout. Peut-être dans les boîtes anglo-saxonnes, où la mentalité exacerbée de petit chef à la Française ne passe pas, mais certainement dans des domaines bien ciblés.*

*J. M. G.*
*Capitaine sapeur-pompier professionnel à la retraite.*

# CHAPITRE 9

## DEVENIR LA PERSONNE QUI AGIT POUR OBTENIR

Toute ma vie, j'ai rencontré des gens avec des rêves, des rêves qu'ils leur semblaient inatteignables, des rêves utopiques, des rêves restant au stade de rêves, sans que jamais l'un d'eux n'admette, entre deux ricanements malaisants, que cela puisse un jour être sérieusement envisageable. Après s'être perdu dans leur imagination la plus folle, la plupart d'entre eux redescendent sur terre en rationalisant leurs émotions. Il coupe le fil de leur histoire, reprennent leurs esprits, redeviennent fataliste et passent à autre chose. Comme si leur âme d'enfant disparaissait subitement pour laisser place à celle d'adulte morose, encaissant la dure réalité de la vie, se rabaissant à ne voir plus loin que ce qu'ils ont actuellement. J'ai pu voir dans les yeux de certains de la tristesse et de la capitulation, leur regard se vidant de toute magie et de merveilleuses ambitions.

Malheureusement, très peu d'entre eux abordent leurs songes avec la lueur du "comment" en faire une réalité. Comment obtenir ce qu'ils souhaitent s'en devenir des escrocs, des voleurs ou des malfrats ; sans prendre de raccourcis tendancieux. Ces exemples sont effectivement si simples à imaginer, si facile à envisager lorsque l'on n'a pas envie de s'embêter, mais si triste lorsque l'on admet vouloir rester partisan du moindre effort. Les solutions faciles existent encore, mais rare sont ceux qui peuvent encore en parler sans être passé dans l'ombre de la société. Ça n'a pas toujours fait d'eux de mauvaises personnes, mais des personnes qui se sont souvent brûler en voulant jouer avec le feu. Certains le regrettent, d'autres, ne sont plus là pour relater leurs histoires…

Comme je le disais au début de ce livre, nous voulons tous obtenir de belles choses, réussir de grandes choses, et ça va de soi. Si nous y réfléchissons bien, la question n'est alors même pas de savoir comment faire pour y parvenir, mais plutôt, qui devons-nous être. C'est ici que résident pour moi l'entièreté du problème. Quel genre de personne se doit de faire ce qu'il faut pour obtenir ces résultats si grandioses pour elle ? Dans quel état d'esprit doit-elle se configurer ? N'est-ce pas là une des clés de la réussite ? Moduler et orienter notre être pour être capable de faire le nécessaire et obtenir l'image de nos désirs.

Être/faire/avoir, et non vouloir pour faire et ensuite devenir, voilà un concept puissant que pourtant très peu de gens assimilent comme étant une obligation pour réussir.

Richesse, luxe et célébrités - santé, bien-être et vie prolongée - prospérité, liberté et invincibilité ; des mots forts qui peuvent faire vibrer, mais qui ne sont que la résultante d'efforts, précédés d'une conscience forger et d'un état d'être bien préparé.

Cette règle, vous ne pourrez y déroger qui que vous soyez. C'est uniquement en devenant cette personne suffisamment consciencieuse et en phase avec vos rêves, que vous pourrez prendre les initiatives nécessaires qui, par l'effet cumulé et vos actions répétées, pourront vous offrir tout ce que vous souhaitez. En effet, il n'y a que vous qui pourrez décider de devenir LA personne qui mérite d'avoir ce que vous désirez ardemment ; et vous le méritez tout autant qu'un autre ! Incarnez cette personne qui possède déjà ce que vous convoitez. Soyez à l'aise avec l'idée que cela est fait pour vous. Quitte à changer certaines de vos habitudes pour implémenter dans votre vie des conditions de travail et un environnement qui vous positionnera sur les bons rails, ne laissez jamais le doute que vous puissiez exaucer vos souhaits vous échapper. Ne voyez pas ce qui vous ferait rêver comme inaccessible, mais trouvez le chemin qui le rendra possible.


*"En effet, nous devons "être" avant de pouvoir "faire", et nous ne pouvons "faire" que dans la mesure où nous "sommes", et ce que nous "sommes" dépend de ce que nous "pensons"."*
*- Charles F. Haanel.*

Vous est-il arrivé de constater que nous avions tendance à penser comme ça ? "Si j'avais cela, alors je me sentirais mieux et satisfait". Ce qui signifie finalement d'inverser l'approche du être/faire/avoir. Or, être satisfait n'est pas une fin en soi, c'est plutôt de là que tout part. Imaginez devoir attendre que tout soit parfait, que les astres s'alignent en notre faveur, que nous devrions toujours être en quête du faire pour avoir sans jamais penser à nous, à notre "être" ; cela reviendrai à passer à côté de notre vie, à côté de notre essentiel. Nous ne faisons pas tout ce que nous faisons uniquement pour avoir, mais pour devenir. Quand nous prenons la décision d'être ce que nous voulons, au travail, en famille, avec nos enfants, nos amis et dans nos relations avec les autres, c'est à ce moment qu'en découle le "faire" et "l'avoir".

*"Nous ne sommes pas uniquement ce que nous faisons, mais ce que nous faisons contribue à qui nous sommes, ainsi notre être s'exprime à travers nos actions."*

Nous vivons dans une société du "toujours plus", ce qui remet en question la notion du "mieux". Plus d'argent, plus de biens, plus de renommée et toujours plus de tout, sans prendre garde à la véritable valeur de ce que nous possédons déjà. Ainsi, réfléchissez à ce que vous voulez et demandez vous par exemple si vous souhaitez avoir plus d'opportunités professionnelles ou de meilleures opportunités ? Plus de connaissances humaines et intellectuelles, ou leur quintessence ? Plus d'énergie pour avancer ou une énergie positive et pleine d'optimisme ? Bien qu'additionner les deux soit plausible au fil du temps, c'est notre satisfaction personnelle que nous visons, pas ce que nous possédons ; c'est contenter notre "être" et non notre "avoir". Apprenez à discerner les deux. Ne vous focalisez donc pas sur l'avoir, car l'avoir n'est qu'une conséquence de l'être. Si vous souhaitez avoir plus, soyez d'abord plus. En étant plus ou en étant meilleur, alors votre mode de pensée s'en verra transformé, amélioré, mise à jour et prêt à obtenir. Commencez donc par le commencement, soyez ou devenez la personne prête à recevoir en conséquence. C'est donc en manifestant cet être intérieur que vous ferez apparaître ce "tout" à l'extérieur. Ce ne sont aucunement les conséquences extérieures qui doivent définir votre monde intérieur. C'est votre état d'esprit, votre manière de penser qui vous dictera si telle ou telle chose vous rend heureux et si telle ou telle action mise en place vous permettra d'avoir ou de changer la situation rencontrée. Cette notion est très importante, mais comme je vous le disais, trop de personne reste persuadé que c'est ce qu'ils obtiendront qui définira leur avenir.

*"Oublier d'être, c'est se faire avoir."*

C'est ce concept clé qui vous fera avancer pour agir et obtenir l'essence même de vos désirs, car un désir est toujours lié à "l'avoir et faire" mais surtout, un réel besoin à "l'être".

J'ai vu des confrères chercher activement des sponsors avant d'avoir fait leurs preuves ; avant même d'avoir suffisamment de clients pour se dire qu'il serait bon de se faire offrir tout le matériel nécessaire pour pratiquer efficacement. Faire partie de l'équipe professionnelle d'une grande marque, c'est super, mais à quoi bon si c'est pour se tourner les pouces ? Effectivement, cela avait pour avantage de ne plus avoir à payer les consommables, de ne jamais manquer de rien, d'être toujours à la pointe de la technologie et donc de faire des économies, mais des économies pour faire quoi ? Attendre et faire bouillir leur ego, en imaginant faire partie du fleuron de la profession. C'est pourquoi vouloir avant de faire le nécessaire pour être à l'image de leur prétention pouvait paraître super cool sur les réseaux, mais finalement triste et inutile en vrai. Ce n'est pas ici une critique, mais un exemple de constatation que j'ai pu faire de certaines personnes qui ont cherché comme on dit à "mettre la charrue avant les bœufs". On ne pourra leur retirer qu'ils aient osé faire les démarches pour obtenir le fruit de leur désir, mais à quoi bon, si c'est pour faire la poussière sur leur trop-plein d'affaires…

En fin de compte, c'est en sachant identifier le sens de votre vision que vous saurez si ce que vous désirez est un besoin pour votre être ou une manière d'assouvir votre ego.

*"Le succès n'est pas ce que vous avez, mais plutôt qui vous êtes."*
*- Bo Benett.*

# CHAPITRE 10

## FUSION

Les connaissances, compétences et le savoir-faire que nous avons accumulés au fil des années sont cruciaux pour faire le point et en tirer parti pour créer de nouveaux projets. C'est là que nous réalisons que ce que nous sommes capables de faire ou de créer est le produit des connaissances et des compétences acquises grâce à notre formation, notre éducation, notre expérience et d'autres événements importants de la vie. Ce qui est décisif ici, c'est que nous améliorions l'absorption de nouvelles informations afin de pouvoir les fusionner et continuer à nous développer en tant que créateurs, en tant qu'entrepreneurs pendant des années. On ne soulignera jamais assez l'importance de garder en tête nos bases et de n'aller chercher que des idées cohérentes à notre sujet ; de ne pas trop se disperser pour éviter de s'embrumer l'esprit avec des éléments allant à l'encontre de ce que nous avons déjà appris.

J'ai quitté le monde du tatouage après plus de 10 ans de pratique, non pas à cause d'un sentiment d'échec, ni d'une déception particulière, mais par la perte de la passion du métier. J'avais tout construit au fil des années, remplit tous les objectifs que je m'étais fixé, mais je commençais à me voir traîner des pieds pour y aller. Il était temps pour moi de tirer ma révérence et de remercier tous ceux qui m'avaient suivi et qui avaient contribué à ma réussite dans ce secteur d'activité ; mais quand le cœur n'y est plus, il est parfois nécessaire de ne pas insister.

J'ai profondément aimé cet environnement, mais je ne me reconnaissais plus là-dedans. La seule chose qui me maintenait en vie et égayait mes journées, c'étaient les gens. Les rires, les échanges, leur confiance en moi et leur motivation à traverser les frontières pour quelques heures de douleur, maintenaient éveillé un sentiment de responsabilité que je ne pouvais refuser. Quand je voyais ces étoiles dans leurs yeux, je me disais qu'il fallait que je sois présent pour eux et tenir encore un peu.

Et puis stop.

Un arrêt quasi-brutal qu'il a fallu assumer. Une évidence qui en devenait vitale afin de se retrouver. La vie est longue, mais beaucoup trop courte pour ne pas s'exprimer pleinement. Tout est question de choix et je ne souhaitais pas continuer à vivre sans adrénaline ; du moins, sans vision d'un avenir plus ambitieux…

Je ne dis pas ça avec fatalité, bien au contraire, je l'ai vécu comme une renaissance, un moyen de me libérer des chaînes du passé. Plus de temps à perdre, il fallait vite repenser la suite et remettre en route la machine qui me permettrait de vivre mes nouveaux rêves les yeux ouverts.

C'est là que j'ai repensé à ces personnages de dessin animé qui fusionnent entre eux pour allier leur force et leurs compétences. Ils deviennent une nouvelle personne, plus rapide, plus forte et plus vive d'esprit. Cette fusion que nous pouvons tous mettre en œuvre dans notre vie permet surtout de ne pas reproduire les erreurs d'avant. En combinant tout notre savoir et ces multiples expériences, elle nous pousse à voir plus loin, à voir plus haut, à voir de nouveau cette lumière qui nous anime dans la vie. J'étais émerveillé de voir la puissance qu'ils développaient lorsqu'ils ne faisaient plus qu'un. Leur confiance et leur courage ne s'additionnaient pas, ils se démultipliaient par le biais de leur cerveau collectif.

C'est donc ainsi que je me suis dit que tout était encore jouable ; qu'en y réfléchissant bien, je pouvais rebondir et combiner tous mes arcs de compétences pour me relancer le challenge et aux défis de me rebâtir une carrière tout aussi trépidante que celle que j'avais vécu auparavant.

## Le tableau du savoir

L'almanach des ensembles de compétences commence par une première connaissance, un savoir-faire, puis il s'étoffe avec chaque nouveau projet terminé, chaque nouvelle idée mise en œuvre et chaque demande satisfaite. Il est donc crucial, pour nous, en tant que créateurs, d'apprendre à canaliser notre volcan intérieur pour analyser la ligne directrice du chemin parcouru ; de rester réaliste et de ne pas dérailler sur une voie aux antipodes de nos aptitudes.

Il est vrai que lorsque l'on a toujours fait le même métier, c'est plus difficile d'être créatif. Cela peut être changé en faisant le point sur nos acquis et en cherchant à renouveler nos connaissances et ce que nous avons appris. Vous pouvez fusionner différentes idées pour créer de nouveaux projets, jeter un œil au passé pour repenser ou renouveler ce qui a déjà été élaboré. Il est peut-être venu le temps de combiner et d'utiliser les compétences que vous avez déjà appliquées pour vous réinventer !

Nous avons tous des intérêts, des compétences et des capacités différentes que nous avons développés tout au long de notre vie. Parfois, ceux-ci ne sont pas exigés par le marché ou la société, mais je ne pense pas que cela signifie que nous devrions les abandonner ou les oublier complètement. Nous devrions plutôt apprendre à fusionner toutes ces compétences du passé pour en ressortir un nouvel objectif - afin de pouvoir se diriger vers une nouvelle direction et recommencer à créer !

Toute ma vie, j'ai acquis des compétences, parfois inconsciemment, pour les mettre dans ma boîte à outils afin de proposer et d'appliquer ce que je savais faire de mieux. Suite à ma reconversion, j'ai commencé à utiliser ces compétences acquises durant mon parcours pour mettre en place et tester de nombreuses voies entrepreneuriales, et pas seulement dans le but de vouloir réussir, mais bien pour toujours être fier de ce que j'allais produire. Je les ai utilisé pour trouver de nouvelles idées, à l'image d'un arbre de vie entrecroisant chacune de ses branches de façon à mêler et raconter des histoires dans tout ce que je faisais et voulais réaliser.

Avec une imagination débordante et sans limite, tentez de voir ce qui pourrait s'accorder le mieux dans le panel de ce que vous avez appris. Entrecroisez votre liste, vous verrez, il est certain qu'il en ressortira quelque chose de lumineux à vos yeux.

### Dépoussiérer ses connaissances

L'apprentissage est un processus continu où l'on peut progresser et se recréer constamment pour le mieux. Réellement, il n'est jamais trop tard pour un nouveau départ, alors considérez vos anciens projets et compétences comme une opportunité plutôt qu'un obstacle.

Lorsque vous apprenez quelque chose de nouveau, cela rafraîchit votre perspective et vous donne une vision différente des défis existants. Quand vous en faites le lien avec ce que vous savez déjà, c'est là que votre ressenti et votre instinct entre en jeu et que le déclic se crée pour en faire une nouvelle affaire.

Nous ne pouvons pas rester passifs face à notre avenir et subir notre vie. Nous devons être les architectes de notre propre futur en décelant par nous-même ce vers quoi nous devons tendre et devenir.

Ne laissez jamais les expériences des autres vous définir ou vous forcer à choisir un certain domaine. Servez-vous surtout de leurs erreurs pour ne pas les reproduire. Ouvrez les yeux et voyez les possibilités infinies juste devant vous. Le monde change vite, alors pourquoi ne pas changer avec lui ?

Nous pouvons continuer à apprendre de nouvelles compétences même lorsque nous pensons que nous avons maîtrisé tout ce qu'il y a à savoir sur quelque chose. Il y a toujours des opportunités cachées qui attendent que vous les utilisiez. La curiosité n'est pas un mal en soit, tant que vous ne vous éparpillez pas.

C'est d'ailleurs très bien d'emmagasiner continuellement de la nouveauté, mais que faites-vous de tout ce que vous avez déjà acquis ? Pourquoi vouloir avancer vers de nouveaux horizons sans user du panel de connaissances déjà profondément ancré en vous ? C'est justement dans des moments de doute ou de renouvellement qu'il est important de récupérer tout ce qui a été victorieux et concluant. Vous pensez ne rien savoir faire de vos dix doigts ? Permettez-moi de vous dire que vous seriez certainement mort si tel était le cas. Creusez en vous, ponctionnez dans les moindres recoins vos plus petites réussites. Réveiller des abysses de votre subconscient les souvenirs les plus glorieux de votre histoire. On en a tous ! Si rien ne se perd, mais que tout se transforme, alors changez donc l'état de votre matière grise pour créer quelque chose de nouveau dans votre vie ! Cherchez en vous le point de fusion de cette rétrospective pour mettre en œuvre une alliance magique qui vous fera revivre, en disséminant vos doutes, vos peurs et vos illusions. La vie n'est pas une ligne droite, c'est un processus continu où l'on peut constamment progresser et se recréer pour le mieux. Vous avez en vous cette envie d'évoluer, alors ouvrez vous aux nouvelles opportunités de vous sentir aligné !

Alliez votre arbre de compétences pour construire votre propre plan de carrière. Déblayez, faites le tri, catégorisez et faites-en sortir l'essence même de ce qui vous ressemble et vous fait vibrer. Voyez à quel point l'ensemble de votre parcours de vie a été riche et constructif.

Vous en êtes là aujourd'hui, mais une part de vous est déjà partie dans les tréfonds de vos souvenirs, relatant toutes les étapes d'une existence déjà bien remplie. Vous levez les yeux au ciel et vous vous remémorez le marathon tumultueux qui fait que vous avez atterri ici. Vous regardez autour de vous et ne voyez que des réminiscences matérielles constituant le quotidien que vous avez choisit. Ce sont vos idées et vos choix qui ont construit tout cela, et je suis persuadé, que vous êtes encore en mesure de faire évoluer tout ça. Je dis bien évoluer, car vous resterez toujours maître du sens que cela prendra. La direction que vous choisirez ne sera jamais toute tracée, mais chaque alternative que vous déciderez d'emprunter agira en conséquence sur l'avenir qu'il vous appartiendra d'assumer, que ce soit en bien, ou pas.

Tout ceci est un travail pouvant paraître très compliqué qui demande un brainstorming bien appliqué. Il sera à reconstituer à chaque nouvelle étape de votre avancée, mais le jeu en vaut la chandelle quand ce "shot" de dopamine se manifestera dans votre esprit. L'illumination sera certaine. Vous aurez ce déclic ou vous vous direz: "EURÊKA ! J'ai la solution !"

### Allier ses passions

L'idéal serait évidemment de pouvoir allier une de vos compétences à une de vos passions. Vous seriez à la fois passionné par le sujet, mais aussi beaucoup plus compétent, car plus motiver à vous y investir à deux cent pour cent. Cela serait pour vous un atout majeur pour votre réussite. En étant passionné et ayant pratiqué de nombreuses fois votre art, vous deviendrez bien plus résistant à l'usure que si vous reveniez sur quelque chose que vous n'avez jamais exercé. Cela vous permettrait en cas de pression et de stress de bien mieux gérer les aléas du projet. Tout cela, bien sûr, dans une démarche indispensable d'en créer quelque chose de viable.

Quand on a plusieurs passions ou centres d'intérêts, le premier réflexe est souvent de réfléchir à un métier qui pourrait tous les rassembler. On se retrouve à chercher le métier qui combine dans une alchimie parfaite tout le package de nos émotions. On cherche frénétiquement le fil conducteur qui relie tous ces centres d'intérêts autour duquel on pourrait articuler notre futur projet. Sauf qu'il n'existe pas forcément.

Le risque est de se retrouver bloqué sur la recherche de l'idée qui ne vient pas, la connexion qui tarde à se faire ou le terme exact qui vous reste sur le bout de la langue. Les multipotentiels peuvent être particulièrement confrontés à ce problème, et je vous promets qu'il en découle quelques suées.

Allier son métier et ses centres d'intérêts peut être une bonne idée, sans en devenir une injonction. Je vous encouragerais donc fortement à réfléchir à ce qui vous fait avant tout vibrer pour avancer dans votre projet professionnel, sans à chercher à tout caser dans un seul et même métier.

Deux stratégies sont possibles : la première serait de limiter vos choix ; de resserrer l'étau et de vous mettre des œillères pour ne pas dériver. Certains passe-temps sont effectivement plus faciles à traduire en métier que d'autres, mais vous pouvez aussi choisir ce qui fait le plus sens pour vous, ce qui vous ressemble le plus, ce qui est primordial dans votre vie.

L'autre stratégie est de prendre de la hauteur pour chercher un dénominateur commun entre tous vos centres d'intérêt, c'est ce fil conducteur.

Prendre du recul est toujours utile dans ces moments, cela permet de changer votre perception logique, d'ouvrir votre champ de vision et de ne plus penser en termes d'activités précises, mais plutôt en terme de valeur essentiellement perçue et de message qu'elle véhicule. Cela permet de sortir du faire, pour aller dans l'être et générer de nouvelles idées.

L'exercice n'est pas évident, parce qu'il faut souvent creuser au-delà de l'évidence. Vous êtes un tout, et cette unicité se doit de se manifester.

*Nous sommes comme une fleur qui s'arrose et vie d'apprentissage, une fleur qui stock continuellement de nouvelles informations, créant de nouveaux pétales autour de notre cœur. Certaines sont amenées à faner naturellement, ou suite à un événement extérieur, alors que d'autres resteront en partie constituante de l'essence même de notre tige, notre ligne directrice, notre noyau vital. Les pétales fanés tombent dans la terre qui nous a fait naître, afin d'en nourrir notre essentiel, comme un engrais que nous réutilisons pour nous renouveler.*

*Les premières compétences s'acquièrent dans un premier domaine, puis arrive le jour où l'apprentissage de nouvelles compétences devient plus précis, plus pointilleux, plus difficile à obtenir. Soit vous apprenez avec une expertise avancée dans ce domaine, ou sinon, vous prenez conscience que les nouvelles compétences à acquérir ne sont plus en phase avec votre personne.*

*Dans cette seconde option, vous recherchez un nouveau domaine qui vous correspond davantage, vous recommencerez à apprendre les bases, puis les niveaux intermédiaires pour continuer à apprendre, pour évoluer dans ce qui vous fait vibrer.*

*Sans en oublier le domaine précédent, vous évoluer dans le suivant, en reportant vos différentes expériences dans le fil continu de votre vie, ce qui fait de vous la personne singulière et exceptionnelle que vous êtes.*

*Chaque être est constitué différemment de par son parcours, ses expériences et ses connaissances. La différence de chaque être constitue une immense qualité pour chacun, c'est ce qui permet d'avoir un point de vue libre et divergent pour chaque projet, chaque idée, chaque ambition.*

*L'essentiel dans l'apprentissage de nouvelles compétences, est de toujours rester en éveil et de toujours rester ouvert à des points vue différent du vôtre. L'ouverture d'esprit, la compréhension et l'adaptation de nouvelles idées sont le mélange idéal pour construire cette intelligence de l'apprentissage en continu, comme la régénération perpétuelle d'une éponge sèche reprenant vie par l'absorption de l'eau.*

*À certaines périodes de votre vie, vous n'avez plus l'envie ou vous ne ressentez plus le besoin d'apprendre. Ces moments-là sont d'une énorme importance, ils permettent de mettre sur pause votre vie, de la regarder, d'éliminer ce que vous ne voulez plus, et de conserver ce qui est bon pour vous, ce qui vous anime.*

*Analyser sereinement, observez-vous, apprenez sur vous, et de manière structurée - redémarrez le moteur, enclenchez la première, et roulez !*

*N'oubliez jamais que sur plusieurs centaines de millions de spermatozoïdes, vous êtes le seul à avoir grandi dans le monde des vainqueurs ! Votre plus grande victoire est de vivre ici, dans ce monde ou les seules limites imposées sont les vôtres. Soyez libre d'être la personne que voulez être. Tout le monde est bon. Personne n'est meilleur que vous !*

*Fabien Norniella*
*Investisseur en immobilier.*

# CHAPITRE 11

## PRIORISER LES PRIORITÉS

La chose essentielle que vous pouvez faire dès à présent est justement d'aller à l'essentiel.

Dans la vie, il est facile d'être distrait par de nombreuses choses superflues, inutiles et futiles - d'être submergé par tout ce qui se passe dans notre vie au quotidien. Nous avons du temps pour tout, mais nous le perdons majoritairement sur des choses sans importance. Tout n'est que question d'habitudes, de priorités et d'attachements.

Quand les gens disent qu'ils n'ont pas le temps en fait, il faut comprendre que ce n'est juste pas dans leurs priorités, ce qui n'est pas tout à fait pareil ! En vérité nous ne manquons absolument pas de temps pour faire tout ce que nos journées nous réservent ; nous avons tout bonnement l'impression de faire beaucoup trop de choses sur ce temps dont nous disposons.

Certaines tâches auront effectivement besoin de plus temps pour s'y consacrer pleinement. Notre organisation et surtout notre routine nous font croire que certaines nouveautés ne valent pas la peine de s'y intéresser. Prendre du temps pour lire, pour monter un nouveau business, pour se consacrer à nos passions ou simplement pour agrémenter notre journée d'une chose originale ou inhabituelle, ne semble pas pouvoir rentrer dans les vingt-quatre longues heures que chaque jour nous offre. Pourtant, avec un soupçon de planification et une véritable envie, tout est possible !

- Utilisez le temps à bon escient, pour avoir une vie efficace et vous concentrer sur ce qui vous est réellement utile et bénéfique.

- Sachez quelles sont vos priorités et suivez-les jusqu'au bout.
- Apprenez d'abord ce qu'est une priorité et ce qui ne l'est pas.
- Sachez ce qui est essentiel pour vous aider à éviter d'être distrait par l'insignifiant et éviter de perdre votre temps sur des tâches qui n'aboutiront à rien d'important.

Voilà une recette qui, pour commencer, est un bon leitmotiv pour en faire davantage, mais surtout un point vue intéressant pour votre bien-être et votre épanouissement.

Savoir diversifier ses journées et ses semaines nous mène généralement à faire évoluer notre vie dans le bon sens - à justement y donner du sens et sortir de nos habitudes répétitives et chronophages.

Il est évident que tout part d'une bonne intention lorsque l'on se dit que l'on prêtera attention au plus important, que l'on mettra en avant ce qui nous permettra d'atteindre de réels objectifs et réussir à faire de notre vie une "success story". Il serait alors fondamental de pouvoir prendre garde à une liste exhaustive de tâches à accomplir pour garder à longueur de journée notre vision d'un avenir idéal. Mais nous ne sommes pas des horloges, et ce serait évidemment nous mentir que de chercher constamment à programmer chaque minute de nos journées.

## L'essentiel

Se concentrer sur l'essentiel, par contre, mène à y voir plus clair - obtenir une compréhension lucide des priorités. Cette clarté peut nous aider à travailler avec une efficacité exceptionnelle - à faire ce qui doit vraiment être fait et ne pas se surcharger l'esprit. C'est ainsi que nos journées devraient être réglées.

Pendant des années, j'ai cru qu'en faire plus signifiait faire mieux. Que j'atteindrai mon but et mes objectifs plus vite. Plus de ceci, plus de cela et toujours plus de "trucs" qui me donnaient la sensation de travailler. J'étais toujours en train d'entreprendre, de sauter de projet en projet, gravissant quelques échelons sur mon échelle de carrière et recherchant toujours de nouvelles façons de remplir ma vie de choses et d'autres. Mais quand on calme nos ardeurs et qu'on arrête de courir d'un projet ou d'une tâche à l'autre, on se rend compte qu'il y a des choses qui ne valent rien du tout car elles ne nous apportent aucune valeur réelle. Quand on ouvre les yeux et que l'on sort la tête de l'eau, on se rend vite compte qu'il y a des choses qui nous offrent une vraie plus-value. C'est lorsque je me suis posé cette question que je venais de lire, que les choses ce sont magistralement posées, ordonnées et clarifiées :

*"Quelle est la chose essentielle que je vais pouvoir faire aujourd'hui afin que tout le reste me paraisse vraiment simple, voire inutile ?"*

De cette lucidité en est ressortie plusieurs points primordiaux en termes d'organisation :

### 1- Se concentrer sur une tâche à la fois.

J'ai bien compris que notre cerveau créatif n'était pas en mesure de tenir sur le long terme la diversification de grands projets nécessitant une concentration maximale et une pleine conscience de son écosystème.

Les "switch" récurrents dans une même journée ne sont que des vampires énergétiques venant casser le rythme de la productivité et l'atteinte de nos objectifs.

Travailler sur une seule tâche jusqu'à l'avoir complétée à 100 % avant de passer à la suivante amène de bien meilleurs résultats sur le long terme.

Comme je dis souvent à ma fille qui est du genre à prendre le même tournant (les chiens ne font pas des chats comme on dit) : "finis ce que tu es en train de faire avant de te lancer dans autre chose d'important" ! Ce petit miroir de ma personnalité, pleine de créativité, a su me prouver qu'être multitâche est un mythe ! Notre cerveau n'est pas en mesure d'être à son plein potentiel dans ces conditions. C'est un mensonge utopique que beaucoup pense pouvoir gérer. C'est devenu si courant que certains s'en croient vraiment capables. On en entend parler, et on reçoit même des conseils pour s'améliorer dans ce sens. Certains se targuent de leur soi-disant compétence à multifonctions jusqu'à en faire un soi-disant mode de vie. C'est en fait un mode d'échec écrasant : ce n'est ni efficace ni rentable, c'est juste usant. Dans un monde axé sur les résultats, cela ne vous apportera rien de bon. Quand on essaye de faire deux choses à la fois, c'est le meilleur moyen d'en faire moins et surtout moins bien.

Travailler sur un seul point bien précis jusqu'à l'avoir complété à 100 % permet de se sentir bien plus serein et apporte un sentiment beaucoup plus agréable d'accomplissement.

D'ailleurs, un conseil, quand vous décidez de travailler sur une tâche, désactivez toutes notifications de votre téléphone ou ordinateur, et mettez-vous en mode "focus", sans interruption (voir même en mode avion pour mettre sous clé toute tentation). Il faut savoir qu'il nous faut environ vingt et une minutes juste pour se remettre dans le bain, donc si vous recevez une notification toutes les trente secondes ça peut littéralement détruire toute productivité, voire même votre journée ! C'est d'ailleurs ce qui arrive à la majorité des gens, physiquement là devant leur poste, mais qui consultent leurs emails ou réseaux sociaux à tout bout de champ.

Testez également de développer un sens de l'urgence quand vous vous mettez en mode travail, en décidant d'exécuter une seule tâche pendant un temps donné - lancez-vous dans un défi et mettez-vous un petit coup de pression pour finir ce que vous avez décidé de faire avant la fin du temps imparti - croyez-moi, ça vous pousse à travailler plus vite et plus efficacement. Mais n'oubliez pas de vous concentrer sur le processus et non le résultat, la récompense à la fin aura plus de valeur et sera plus satisfaisante - le tout, dans un environnement minimisant les distractions.

Aujourd'hui, il n'a jamais été aussi dur de percer à cause de toutes ces distractions, donc au final, ceux qui réussissent sont ceux qui arrivent à naviguer entre les distractions du monde actuel, évitant ce fléau de productivité tel un agent de la "matrice".

**2- Commencer la journée sans faire le tour des nombreuses applications en tous genres de votre téléphone.**

Nous savons tout ce qu'il serait bon de faire (ou de ne pas faire) pour commencer nos journées sereinement, mais comme beaucoup, le réflexe est d'attraper notre téléphone au réveil. Grave erreur ! Nous priorisons inconsciemment le fait de faire le tour de nos applications "favorites" avant de se lever, nous chargeant dès que nous ouvrons les yeux d'informations complètement inutiles à cet instant et souvent loin de nous rapprocher des objectifs primordiaux de notre journée. Se lever devient donc un calvaire et une source de stress supplémentaire quand on regarde l'heure et le temps passé dans les méandres des réseaux.

Notre attention devrait et doit se porter sur nous-même, sur notre corps, sur notre énergie et notre volonté de faire de cette nouvelle journée un moment positif et rempli de motivation pour tout cartonner ! Alors quand le réveil sonne, la priorité, c'est de se lever !

C'est en me reconnectant au moment présent à cet instant, que j'ai pu constater que les matins étaient beaucoup plus sereins et reposants…mais une fois le premier pied posé à terre, on relance la machine et on attaque la journée sur le pied de guerre, en réactivant le mode BULLDOZER ! Façon de parler évidemment (j'avais juste envie de placer une nouvelle fois le titre de ce livre), car personnellement, j'essaye au pire de lire quelque chose d'intelligent, quelque chose qui m'apprendra quelque chose d'utile, mais pas violent - un nouveau chapitre de livre, un passage que j'affectionne, mais qui ne rentre pas encore, l'écriture de tout ce qui m'est passé par l'esprit inopinément dans la nuit ; mais rien qui viendra me charger lourdement l'esprit aux prémices de mes journées.

### 3- Se forcer à débuter la journée de travail par tout ce qui paraît être une corvée.

Durant des années, on nous a dit que, si on débutait chaque journée par ce qui nous paraissait être une corvée, nous passerions la journée avec la satisfaction de savoir que rien de pire pourrait nous arriver. Cette corvée, c'est votre tâche la plus lourde, la moins agréable, mais peut-être la plus importante, celle qui risque de vous faire procrastiner si vous ne vous y mettez pas tout de suite. Celle qui est en mesure de satisfaire votre vie et votre réussite à court terme.

Si dans un autre cas, vous disposez de plus d'une tâche ingrate à abattre, comme je disais précédemment, commencez toujours par la pire à vos yeux. Commencez par la plus considérable, la plus exigeante. Imposez-vous pour discipline de vous y mettre immédiatement, pour ensuite persévérer jusqu'à son accomplissement avant de passer à autre chose. Imaginez qu'il s'agisse d'un grand challenge à vos yeux et résistez à la tentation de débuter par la tâche la plus facile. Allez-y au plus vite, il y a de l'eau sur le feu !

Pour atteindre le top niveau de performance et de réussite, vous devez principalement prendre pour habitude, en faisant en sorte que cela vous tienne sur le long terme, de vous atteler à vos tâches les plus importantes en premier, et ce, tous les jours. Je ne saurais que me répéter tellement cela m'a aidé, mais vous devez prendre l'habitude de concrétiser vos plus grandes corvées avant de faire quoi que ce soit d'autre, et ce, sans réfléchir trop longuement. Une fois rayées de la liste, vous ne vous en sentirez que plus léger.

Cela dit, cette rigueur s'acquiert en répétant cette pratique jusqu'à ce qu'elle s'ancre définitivement dans votre subconscient et devienne instinctive. Une fois constituée, cette habitude deviendra un réflexe et vous facilitera grandement le reste de votre journée. Nous avons tous été conçu psychologiquement et émotionnellement de telle sorte que l'accomplissement d'une tâche suscite en nous un sentiment de fierté. Cette dopamine, ou autrement appelée "l'hormone du bonheur", nous procure cette sensation de plaisir, telle une récompense.

Chaque fois que vous terminez une tâche, quelle qu'en soit son importance, cela vous envoie un regain d'énergie et d'enthousiasme, augmentant considérablement votre estime de soi. Plus son ampleur sera, plus vous vous sentirez heureux, confiant, compétent, lucide et plus sûr de vous face au reste du monde.

Agir et pratiquer sont les clés pour maîtriser n'importe quel type d'aptitude. Fort heureusement, l'esprit est comme un muscle, il développe sa force et sa capacité à l'usage. En passant à l'action, nous pouvons obtenir n'importe quel comportement ou développer n'importe quelle habitude que l'on juge utile.

**4- Et enfin, organiser ses activités dans l'ordre de ce qui, à la finalité, apportera le plus pour son avenir, en se tenant à un plan journalier sans nécessairement en faire plus, sans avoir le besoin ni l'envie compulsive d'empiéter sur le programme du lendemain, juste en se tenant exclusivement aux objectifs fixés.**

Des fois, il faut apprendre à s'arrêter, à poser les crayons et se satisfaire de ce qui a été rondement mené. N'ayez pas d'envie frénétique de pousser le bouchon plus loin, sachez dire stop une fois les tâches programmées accomplies et contentez-vous de vous féliciter pour tout ce que vous avez réalisé dans le temps que vous vous étiez fixé. Appréciez ce moment comme à la ligne d'arrivée d'un marathon terminé. On ne parle pas de finir premier, mais bien de clôturer votre journée en ayant coché toute la liste de ce qui devait être bouclé. Donc même s'il vous reste encore du temps que vous pensez pouvoir consacrer dans cette lancée, forcez-vous à vous arrêter, et profitez de ce "rab" de temps pour vous, pour souffler, éventuellement pour lister votre prochaine journée, mais pas plus.

Rappelez-vous que votre temps est votre bien le plus précieux, que votre énergie quotidienne n'est pas infinie et qu'il est aussi temps de profiter de la vie pour revenir le lendemain en ayant récupéré toutes les ressources nécessaires pour continuer d'avancer.

C'est pour cela qu'organiser son programme de façon journalière vous permettra d'obtenir une grande efficacité et des résultats bien plus concrets. Le but étant de tenir sur la durée, de profiter du moment présent avec satisfaction, et d'apprécier le processus vers votre but suprême ou vos objectifs finaux.

Par contre, je ne dis pas pour autant qu'il faut ralentir ni de ne pas se donner à 200 % dans ce que vous faites et réalisez ! Je dis juste de se concentrer sur l'essentiel. Je ne parlerais jamais de procrastination et vous ne m'entendrez jamais dire cette phrase qui me rebute le plus au monde, à savoir : "j'ai la flemme" ! Si vous voulez vous contenter du strict minimum, effectivement, vous pouvez tout de suite tirer une croix sur vos rêves de grandeur, d'accomplissement et de réussite.

La plupart des gens n'estiment pas correctement la dose d'efforts qu'il faut fournir pour obtenir les résultats qu'ils veulent. Quand il s'agit de prendre les devants dans la vie, ne réfléchissez jamais en termes d'équilibre, pensez toujours en termes d'actions et de priorités. Quand on parle de prendre des initiatives, c'est en faire plus là où il est nécessaire d'en faire plus. Si vous tentez d'en faire moins, vous verrez bien que vous vous lèverez pour rien. Vous reviendrez sur vos premiers efforts pour finalement finir le travail comme il était initialement prévu de le faire.

Du coup, quoi que vous puissiez imaginer devoir faire pour terminer le travail, si vous augmentez la quantité d'actions ciblées que vous pensez nécessaires, vous allez naturellement obtenir des résultats au-delà de vos attentes les plus folles. Si vous associez cela avec un plan bien construit, je vous laisse imaginer là où cela vous mènera.

Quand il s'agit d'obtenir de grands résultats et de créer une véritable réussite, vous devez prendre des mesures dans ce sens en quantité massive. Il n'y a pas moyen de contourner cela. Mais pour ça, OR-GA-NI-SEZ-VOUS ! Posez un chronomètre et travaillez par cycle s'il le faut, mais ne vous dispersez jamais.

La réussite est proche, mais elle ne vous garantira pas de voguer sur des flots paisibles - une bonne discipline de vie bien organisée et une vision claire de votre avenir, OUI ! Vous saurez pertinemment quand les résultats seront proches et quand un dernier coup de collier sera nécessaire, alors visez l'essentiel et ne lâchez jamais votre cible.

> *Quelle est la chose la plus importante que tu as à faire aujourd'hui ? Au fond de toi, tu le sais, n'est-ce pas ? Si tu prends deux minutes pour te poser et revenir à toi, tu le sais.*
>
> *Cette question, je la pose à toutes les personnes que j'accompagne et je leur envoie même parfois des petits messages avec uniquement cette question.*
>
> *J'ai moi-même connu cette crise de priorisation au début de mon activité, quand j'ai créé mon business début 2020. Le paradoxe chez moi, c'est que je suis à la base quelqu'un de très très organisée (voire même un peu trop). Mais quand j'ai démarré, j'ai eu un moment de flottement, une période où je ne savais plus ce que je devais faire, ni quand, ni pourquoi. Bref, totalement perdue.*
>
> *Tellement perdue que je partais littéralement dans tous les sens, démarrant plusieurs projets en même temps, en me disant qu'il y allait "bien en avoir un qui allait marcher". À l'image d'un arrosoir…*
>
> *J'étais donc organisée mais pas efficace. Pas Focus. Par efficace, j'entends aller à l'essentiel et faire des actions pertinentes à fort impact sur la réalisation de mes objectifs.*
>
> *Et quand j'ai compris ça, et que j'ai un principe en place (celui dont je vais te parler tout de suite), je suis devenue une véritable machine ; de l'arrosoir, je suis passée à la lance à l'incendie.*
>
> *J'ai compris que se concentrer sur un projet à la fois, c'est la garantie d'atteindre tes objectifs, de les atteindre plus vite et de retrouver la confiance en ton potentiel.*
>
> *Mais il ne suffit pas de dire "ok, je vais me concentrer sur ce projet-là" pour retrouver le focus et y arriver.*

Ce qui me posait problème ce n'était pas tant de mettre le doigt sur ce qui comptait le plus, mais plutôt de savoir comment on faisait concrètement pour être certain que les journées qui vont suivre vont me permettre d'aboutir à ce projet.

Et c'est l'entonnoir des priorités qui m'a permis d'y arriver.

Il m'a permis de m'assurer que même mon action quotidienne du jour était liée à mon objectif annuel.

Pour le faire, il te suffit de clarifier ton objectif annuel. Où tu veux en être précisément dans un an ?

Une fois que cet objectif est clair, il faut te demander quelles sont toutes les choses que tu dois faire (étapes, sous-objectifs) pour atteindre cet objectif.

Parmi toutes les sous-étapes que tu as notées, quelle est la plus importante pour atteindre ton objectif annuel ? Cela devient alors ton objectif prioritaire pour le trimestre à venir.

En fonction de l'objectif du trimestre que tu as mis en évidence, quelles sont toutes les actions, étapes à faire pour réaliser ton objectif du trimestre ?

Dans cette liste, quelle est la chose la plus importante que tu as à faire en premier ? Cela devient alors ton objectif du mois à venir ?

Et tu répètes le processus jusqu'à arriver à ton action quotidienne prioritaire.

En faisant ça, tu t'assures une véritable concentration. Tu ne perds jamais de vue ton objectif, car chaque action quotidienne est liée à un objectif hebdomadaire, lui-même connecté à un objectif mensuel, lui-même venant d'un objectif trimestriel, découlant directement de ton objectif annuel.

Après ça ? S'il te reste du temps, tu peux faire les autres tâches, les projets annexes, les choses un peu moins importantes. Tant que tu as fait la chose qui compte le plus dans la réalisation de ton objectif, tu es libre de faire tout ce que tu veux.

Il faut que tu bannisses la croyance selon laquelle c'est le nombre d'heures qui fait la valeur du travail, mais que tu comprennes que c'est le nombre d'actions directement liées à tes objectifs que tu fais qui crée la valeur de ton travail.

Met des œillères, concentre-toi sur ce qui compte vraiment. Il va falloir faire des choix, il va falloir apprendre à dire non, mais la réalisation de tes rêves est un grand pouvoir qui implique de grandes responsabilités.

Je finirai avec la citation qui a longtemps été la photo de mon écran de téléphone :

*"Tant que je n'ai pas fait l'essentiel, tout le reste est une distraction".*

Virginie Airaud
Consultante en productivité.
www.virginieairaud.fr

# CHAPITRE 12

## PASSION OBSESSIONNELLE

La plupart des gens pourraient penser que la création d'une entreprise est un processus qui n'implique que des tâches compliquées et titanesques. C'est faux ! Il y a de nombreux aspects amusants, excitants et enrichissants dans ce voyage. C'est une aventure qui peut très rapidement devenir fun, exaltante et passionnante. Elle stimule tout votre être et est en mesure d'occuper une grande partie de vos pensées. Elle ne fera pas vibrer uniquement votre être d'un point de vue professionnelle, mais aussi qui vous êtes dans votre entièreté et dans votre relation aux autres. Elle est en mesure de donner un sens à votre vie. Le simple fait d'imaginer avoir trouvé "l'idée du siècle" (même si cela n'est pas foncièrement le cas) vous donne un élan d'énergie sans nom, un regain de motivation et une envie de vous pousser dans de nouveaux retranchements. Cette dopamine qu'elle vous confère vous envoie dans d'autres stratosphères, où vous seul pouvez en dessiner le schéma pour votre réussite. Tel un nouvel Indiana Jones, vous savez d'avance que le chemin à parcourir ne sera pas de tout repos, qu'une fois les prémices d'un fabuleux trésor de réussite atteint, le plus dur sera de le conserver précieusement, de le valoriser et de le chérir afin de continuer à le faire briller aux yeux du monde.

Oui, je trouve ça grandiose et parfois même utopique de penser que chaque création aspire à devenir un joyau dans ce monde, mais c'est ce qui m'anime aujourd'hui, c'est ce qui me passionne, et c'est ce qui est devenu pour moi une obsession. Avoir goûté à cette liberté d'expression à clairement libérer le loup qui est moi, hurlant de fierté d'avoir eu le courage et la volonté d'avoir pu garder le cap pendant toutes ces années et su constamment me renouveler. Apprendre à agrémenter de nouvelles pierres les remparts de mon temple intérieur, polir le vilain caillou que j'étais, et ériger des colonnes solides pour soutenir cette voûte infinie qui n'aspirait qu'à me mettre des étoiles pleins les yeux, a été pour moi un véritable chemin initiatique dont je serais toujours heureux et fier d'avoir trouvé la façon d'en lever le voile. Il n'y a rien de bien sorcier, ni de très occulte dans la manière d'aborder le sujet. Rien n'est secret, bien que bons nombres de choses soient bien cachées. Mais chaque marche que vous gravissez, révèle son lot de réponses aux questions que vous auriez pu vous poser.

L'histoire étant de trouver l'équilibre entre son obsession et sa passion, entre ce que vous voulez faire et ce que vous voulez être. La passion étant l'objectif et l'obsession l'essence pour l'atteindre - en restant toujours animé par l'obsession de vouloir réussir ce que vous entreprenez - en cessant de reculer et de se limiter au stade de survie - en se tournant vers ce qui a le potentiel de nous faire prospérer et atteindre de plus hauts sommets.

Je ne tolère pas la paresse, même si nous vivons dans une société qui elle la tolère. Et même si les gens acquiescent l'idée de rester dans la moyenne parce qu'on leur a dit qu'il n'y avait rien de mal à se contenter de moins, je resterais de ceux qui encourageront à se montrer motivés pour aller chercher leurs rêves.

Personne ne fera les choses à notre place, nous sommes les seuls responsables de notre bon vouloir à penser que tout est réalisable, et ce, peu importe l'activité. L'obsession est obligatoire pour garantir la réussite que l'on aspire tous à connaître.

En ne s'engageant pas de la sorte, nous risquons d'ailleurs tous de se faire botter les fesses par ceux qui le sont. Le simple fait de regarder des artistes ou des athlètes obsédés par leurs performances et qui ne jurent que par le dépassement de soi, vous en dira long sur la passion qu'ils ont à en parler. Remarquez leurs yeux scintiller lorsqu'ils vous racontent leur histoire. On ne peut pas nier que tous les grands de ce monde ont fatalement été animés et obsédés par une mission, et c'est bien pour ça, qu'on les aime ou non, qu'on connaît leur nom. Aucun d'entre eux n'a jamais baissé les bras face à l'adversité. Ils ont tous été au bout de leurs ambitions, bravant tous les obstacles qui auraient pu les entraver, mais aucun n'a renoncé.

Les choses sont peut-être parfois compliquées, mais jamais insurmontable tant que nous sommes debout pour s'y accorder. Vous savez peut-être déjà ce qui vous obsède, ou peut être pas, ou en pleine réflexion pour le savoir, mais sachez que quand vous serez en mesure d'identifier vos objectifs et ce que vous souhaitez accomplir, cette obsession prendra le dessus pour vous guider envers et contre tout. Il n'y a pas de limites à vouloir viser plus haut, seul vos croyances les fixeront. Et comme disait un auteur que j'affectionne particulièrement :

*"Si vous ne pouvez pas faire de grandes choses, faites de petites choses de façon grandiose."* - Napoleon Hill.

### Système D

Je me souviens lorsque j'ai débuté ma carrière d'artiste épidermique, ma table de massage ne se pliait pas, je devais la dévisser et l'encastrer dans la longueur de ma vieille Golf II toute équipée (de pas grand chose). Je me trimbalais chez les gens avec tout mon attirail (chose encore plus ou moins acceptée à l'époque), déballant et remballant mes affaires quotidiennement. J'avais pour ambition d'un jour faire en sorte que les gens fassent à leur tour tous ces kilomètres que je parcourais pour venir à ma rencontre. J'étais obsédé par cette idée qu'un jour, je pourrais être reconnu pour mon talent et de n'avoir qu'à exécuter ce que je savais faire de mieux sans avoir à organiser tout ce bazar tel un camelot. J'avais tout imaginé et je n'ai jamais rien lâché. Mon obsession de vouloir cocher toutes les cases de la liste d'objectifs que je m'étais fixé, pour atteindre ce que j'estimais être mon sommet, m'a fait gérer des situations que je n'aurais jamais cru possible. J'ai tenu, j'ai travaillé, j'ai fait tout ce que je pense avoir été nécessaire pour valider le fruit de ma pensée créative avec hargne pour y parvenir ; usant de tout ce qui était en mon pouvoir pour faire de ce rêve une réalité.

J'y suis arrivé, créant ma structure, entouré d'une équipe passionnée, formant de jeunes talents, remportant des trophées, découvrant ma tête dans les revues spécialisées, finissant par aller chercher à l'aéroport des clients passant les frontières pour s'offrir un style que j'avais développé.

Une fois que vous avez mis le doigt sur votre passion et votre raison d'être, c'est là que vous devez arrêter de nier ce pourquoi vous êtes fait, d'arrêter de vous mutiler sur là où vous en êtes et renier ce chemin vous attendant bras ouverts. C'est là que vous devez prendre en compte vos rêves et vos désirs de réussite. C'est maintenant que vous devez agir sans relâche et foncer intelligemment vers vos ambitions. Fixez-vous de nouveaux buts et lancez-vous au défi d'y parvenir coûte que coûte ! Pensez à la trace que vous souhaitez laisser sur cette terre et imaginez la manière dont vous aimeriez que l'on parle de vous une fois de l'autre côté. Graver profondément votre nom dans l'histoire afin que l'on relate votre parcours comme un exemple intergénérationnel. Nous sommes tous en transition, mais nous évoluons tous au travers de notre existence. Quelles que soient les circonstances, toutes nos vies sont faites de changements, d'essais, de reconversions, de chutes et de rebonds, mais une seule chose nous réunis tous : l'épanouissement.

La réussite, c'est aussi se sentir en osmose avec notre environnement. Le bien-être est large de sens, mais chacun sera y trouver sa vision du mot et y mettre une image qui lui ressemble. Mais si vous n'y pensez pas constamment, comment faire en sorte que celle-ci vienne à vous en bonne et due forme ?

L'obsession pour ce qui est viscéral alimente ce pourquoi nous vivons. Et plus nous y pensons, plus cela devient puissant. En y accordant une plus grande attention, nous parvenons à l'attirer plus rapidement. Celle-ci vous donnera le potentiel d'oublier ce qui a finalement moins d'importance et vous dirigera vers ce qui vous apporte le plus dans votre vie. Je ne dis pas que tout sera rose et facile, que sous-prétexte que vous avez collé votre tableau de vision partout, ce qu'il contient apparaîtra sans efforts et par enchantement. Se tracer un chemin vers la réussite demande du courage et de la persévérance, et malheureusement la plupart des gens ne sont pas prêt à payer ce prix pour partir à la conquête de leurs rêves. Ça peut vous mettre la pression, ça peut vous faire du mal, et la plupart s'y refusent. Le monde aurait pourtant besoin de bien plus de gens qui vénèrent cette obsession comme une seconde nature, car on dit que "toutes les bonnes choses ont une fin", mais que "chaque grande chose est éternelle". Vous ne trouverez pas ça au coin de la rue, mais bien dans votre fort intérieur. Si vous n'êtes pas obsédé par votre objectif, il n'y a aucun moyen que vous en fassiez une réalité. C'est quelque chose qui doit couler dans vos veines ; quelque chose que votre corps doit consommer à chaque instant.

Chaque grande chose prend du temps, mais rien ne peut être réalisé sans la motivation et le désir de tout ce qui en est concerné. Je ne parle pas d'acharnement, mais d'un travail constant, car cela risquerait de vous décharger d'une énergie qui vous serait utile pour réaliser un travail censé nourrir votre intention de bien faire.

Je reprendrais les mots du célèbre auteur, Don Miguel Ruiz, et de son quatrième accord toltèque, tiré de son ouvrage du même nom :

*"Faites donc simplement de votre mieux, quelles que soient les circonstances de votre vie. Peu importe que vous soyez fatigué ou malade, si vous faites toujours de votre mieux, il vous sera impossible de vous juger. Et si vous ne vous jugez pas, il ne sera pas possible de subir la culpabilité, la honte et l'auto-punition."*

Oui, je suis un fanatique de l'entrepreneuriat. Oui, je suis fasciné par cet univers créatif. Oui, j'aime les résultats et les sensations d'accomplissement qu'elles procurent et j'en ai fait une obsession pour courir à vive allure vers ma liberté, qu'elle soit morale, géographique ou financière. Rien de tout ça n'est improbable, irrationnel ou irréalisable tant que vous avez foi en vous, en vos capacités d'agir en toutes circonstances et en bravant l'inconnu sans peur et sans relâche. Le potentiel humain est réellement incommensurable, l'accès à la connaissance n'est à notre ère plus un problème, seul l'action massive saupoudrée d'un réel souhait de vivre une vie qui vous inspire devient votre seule et unique barrière à l'entrée.

*La passion… Voilà alors l'énergie même qui vous porte lorsque vous plongez dans l'immense bain de l'entrepreneuriat. Comme une force invisible, cette lueur scintillante dans le fond de vos yeux, l'emballement des sens qui ne font qu'affirmer chaque jour un peu plus cette conviction à la dévotion totale.*

*Il est complexe de résumer à quelques grandes lignes le caractère enivrant d'un parcours indépendant, mélange de craintes, doutes, barrières et sentiment imputrescible de force motrice. Comme la main qui vous pousse dans le dos pour franchir cet obstacle, puis un second, et alors encore un autre et un autre… Car on ne* peut pas vraiment parler de routine, mais lorsque votre quotidien se résume à devoir franchir cet obstacle, alors tous les obstacles trouvent similitudes. Leurs points communs finissent par devenir tellement flagrants que ce parcours du combattant prend soudain un second souffle.

Franchir les échelons devient alors presque méthodique, comme une énigme déchiffrée grâce à une suite logique de réflexion.

Problème - Analyse - Possibilités - Décision - Action

Puis il y a l'échec...

Et aussi inaudible que cela puisse paraître, il est indispensable cet échec.
La mauvaise décision sur une problématique anodine qui vexera votre ego de ne simplement pas avoir su être "parfaitement parfait" ; le mauvais choix qui sera trop largement à votre goût commenté par d'autres acteurs qui auraient fait différemment, ou pire encore, la combinaison de mauvaises décisions qui vous précipiteront alors face à des conséquences décuplées.
On parle souvent de "l'accumulation des mauvaises décisions" qui ont amené au crash de l'avion. Aujourd'hui le pilote, c'est vous ...

Mon parcours professionnel m'a amené à trébucher, et comme le "clic" de la mine sur lequel on pose le pied, on sent alors rapidement la chronologie des événements s'emballer, puis tout s'accélère, vos bases et fondements pourtant si solides se mettent alors à trembler, les obstacles que vous aviez pourtant parfaitement appris à enjamber deviennent soudain beaucoup plus complexes, votre logique ne fonctionne plus, alors tout s'emballe, et vous perdez le contrôle de presque tout, "ou presque".
Presque que tout car vous restez aux commandes de cet avion, parce que les projecteurs sont braqués sur vous et que tous les passagers attendent de voir comment vous aller sauver cet avion.

Puis voilà le coup de grâce.

*Vos mauvaises décisions s'alignent pour former cette dernière vague, bien plus grande que les précédentes, bien plus forte… bien trop forte…*

*Comme une partie de poker, les cartes de chacun se dévoilent et vous comprenez alors que ce petit détail ignoré plusieurs temps auparavant, cet appel que vous n'avez pas passé, cette paresse que vous vous êtes accordée, cette main que vous avez tant serrée, ce conseil affûté dont vous vous êtes exonéré… Alors le pied figé après le "clic" se relève et tout explose.*

*On fait alors face au tourbillon de cette vague, on prend conscience de ce crash. La nature humaine est ainsi faite, comme le pilote qui n'aura pas su sauver cet avion. Il fera face aux critiques les plus détachées, aux rumeurs les moins fondées, comme une entité populaire fabriquée par le nombre pour se rassurer, se rassembler, se conforter.*

*Et si l'impact est aussi violent, c'est parce que vous comprenez que votre projet vous avait dépassé. À force d'y abreuver toute votre énergie et vos convictions, vous y avez laissé une partie de votre âme, de votre passion…*

*Le temps lisse et tire les traits de toutes les tempêtes, puis ravive la raison, puis ravive la passion.*

*C'est pour beaucoup dans le chaos qu'ont été forgés les plus grands succès.*

*C'est lorsque vous pensiez avoir anéanti tant d'efforts, de temps, de moyens que vous comprenez que tout ça n'était qu'un obstacle de plus avant la prochaine colline, et que fort de votre vécu, l'éventail des possibilités pour résoudre la prochaine énigme n'en sera que plus grand.*

*Voilà ce qu'est à mon sens le véritable aspect des épreuves que doit traverser un parcours entrepreneurial : cultiver son esprit afin d'apprendre de ses victoires bien moins que de ses échecs.*

*Je terminerais en citant le célèbre Ayrton Senna :*

*"Idéalement, nous sommes ce que nous pensons. Dans la réalité, nous sommes ce que nous accomplissons."*

*Arthur Leprêtre*
*Entrepreneur - Cadre commercial.*

# CHAPITRE 13

## CONTRE VENTS ET MARÉES

Le plus compliqué quand on se lance dans un business à son compte sans être issu d'une famille d'entrepreneurs, est de trouver un point d'appui, des épaules sur lesquelles on peut compter. Il y a également le fait d'être livré à soi-même, la motivation de devoir tout apprendre, même en ayant cette pression de devoir avancer en étant seul.

Ce déclic un matin en se réveillant, cette révélation qui nous prend tout à coup aux tripes et cette profonde persuasion d'avoir enfin trouvé notre raison de vivre. Tout ça pour quoi ? Pour se confronter à des murs, sans émotions, du moins pas celles que l'on espérait voir apparaître, tel un labyrinthe que l'on pensait si simple à traverser et qui pourtant nous laisse entendre dès l'entrée qu'il serait déjà plus raisonnable d'abandonner l'idée. Cela peut paraître très accablant.

Je me suis souvent senti incompris, peu pris au sérieux, ressentant au travers les yeux de mon entourage l'inquiétude et le questionnement du "comment va t'il faire pour s'en sortir". Même si pour la plupart cela provenait de leur niveau de compréhension face à l'inconnu et du sentiment d'être désarmé pour m'aider. La mission que je m'étais fixée, à savoir de devenir mon propre patron et d'être libre financièrement, n'a pas toujours inspiré mon environnement, ni créé l'élan d'encouragement que j'aurais souhaité et dont j'aurais bien eu besoin pour me lancer. Même si la plupart avait confiance en ma détermination de ne rien lâcher, plutôt que de s'intéresser et de chercher à apprendre à mes côtés, je recevais le plus souvent des phrases comme : "Tu es sûr que ça va marcher ? J'espère que tu ne vas pas te planter ! Tu crois que ça va intéresser les gens ? Que feras-tu si ça ne marche pas ? Bon, l'avantage c'est que tu as un diplôme qui pourra te faire manger si jamais tu regrettes ton choix".

Certains diront que c'était pour me protéger avec bienveillance. Pour le coup, je me voyais comme un ovni, confronté au fait de devoir ne compter que sur moi-même et mon bagage de compétences acquises, espérant trouver refuge auprès de rencontres inespérées avec lesquelles je pourrais échanger.

Dur de se sentir soutenu par des gens qui transpirent la peur de me voir me ramasser. Palpitant de se dire que l'on aura toujours matière à se prouver que l'on peut constamment évoluer. Compliqué d'accepter le fait que des personnes que l'on aime puissent être un frein pour décoller et entreprendre l'histoire d'une vie, celle qui me permet aujourd'hui de vous écrire ces lignes.

Ces gens là existent toujours et ont toujours ces mêmes réflexions. Même si j'ai pu leur prouver à maintes reprises que tout est possible, malgré mes nombreux virages et changement d'axes professionnels, eux, sont toujours là à faire du surplace sans comprendre ma vision idéale de l'avenir… ou peut-être inconsciemment, sans le courage de me suivre.

Cela peut paraître prétentieux de dire cela, et pourtant, ce n'est aucunement mon intention. J'aimerais pouvoir tout leur donner, faire un copier-coller des heures que j'ai passé à étudier, prendre le temps de leur prouver qu'avec l'envie de changer, leur vie deviendrait certainement dix fois plus excitante que celle dans laquelle ils se sont engouffrés. Justement, c'est chacun sa vie, et une personne qui ne demande pas à être aidée, ne se doit pas d'être perturbée par le jugement et le bon vouloir d'un tiers, même d'un ami.

Notre vision n'est jamais la même que celle d'un autre. Ce qui peut paraître aberrant et irrationnel pour certains peut très bien être tout à fait normal pour d'autres. À contrario, il serait totalement légitime qu'ils puissent en penser de même sur votre vie ! Nous ne pouvons forcer personne à modifier son monde si cela ne résonne et ne fait aucun sens pour elle. Car même avec toute la meilleure volonté du monde et la bienveillance que l'on pourrait offrir en échange, celle-ci avancerait sans être impactée par le but de nos échanges.

Vous pouvez proposer votre épaule pour aider et accompagner, mais vous n'obligerez jamais personne à se fondre dans votre moule. Sauf à l'école et par obligation, n'en déplaise à certains d'acquiescer ma vérité.

C'est pour cela qu'il est nécessaire de toujours laisser le libre-arbitre aux gens voulant se lancer dans de nouvelles aventures. Le simple fait d'essayer permet à chacun d'évoluer, mais aussi de se créer un panel d'expériences personnelles dont personne ne se doit d'arrêter. Il faut que chacun ait l'opportunité de se construire et d'apprendre de la vie à sa propre manière. Nous devons comprendre que chaque individu est différent et a sa propre volonté. Il ne faut pas leur imposer de limites pour qu'ils aient la possibilité de se construire. Dans la joie comme dans la douleur, nous continuerons perpétuellement d'en tirer des leçons qui, à un moment donné, nous serviront. Que ce soit dans le partage ou dans sa propre progression, chaque événement, chaque action et chaque décision aura forcément son rôle à jouer un jour ou l'autre.

Depuis toujours les parents tentent de stopper leurs enfants face au danger. Ce qui est fort compréhensible quand celui-ci paraît trop gros pour être ignoré. Mais cette peur, pensez-vous qu'elle pourra faire en sorte de tout éviter lorsque ce dernier sera seul et éloigné de votre jugement du danger ? Ne voyez-vous pas, indépendamment du niveau de perception que nous donnons au danger, que nous avons tous été confronté à une situation potentiellement dangereuse dans laquelle nous avons dû faire nos propres choix, donner notre propre avis, sans que personne ne soit là pour décider à notre place des conséquences que cela a produit ? Et pourtant, nous sommes toujours ici pour en parler, bien vivant pour en rire ou en pleurer.

Un jour, un ami m'a dit : "Tu sais Rudy, ce sont souvent les pires galères qui font les meilleures histoires à raconter" - et il n'avait pas tort ! Tant que vous pourrez les raconter, ce sont celles-ci qui feront de vous ce que vous êtes, constituant votre caractère et votre vie, mais surtout, vos expériences que vous et vous seul pourrez utiliser pour améliorer petit à petit la suite de votre histoire. Faites-en une force positive et non un fardeau honteux ou humiliant.

Comme disait ma dentiste : "La nature n'aime pas le vide" - donc faites-en sorte que votre vie soit pleine d'aventures, de challenges, d'essais, d'échecs, mais surtout de succès et de réussites ! Amusez-vous à toujours en faire plus, pour en découvrir plus, la vie est faite pour ça, et vous n'en avez qu'une ! Remplissez votre vie de moments dont vous vous souviendrez jusqu'à votre mort. Colmatez chaque instant d'actions qui seront en mesure d'écrire votre histoire. Barricadez chaque faille et tournez vous vers vos objectifs de réussite.

Quoi qu'en pense votre famille, vos amis, vos collègues ou vos abonnés sur les réseaux, vivez la vie qui vous inspire et faites-en une épopée que vous ne pourrez jamais regretter. Suivez vos rêves, et n'écoutez pas les sagesses conventionnelles, elles sont quasiment toujours erronées, quasiment toujours fausses.

Je le dis encore une fois, nous vivons dans une ère où rien est impossible quand on s'en donne les moyens. Tout est à notre portée, il n'y a qu'à simplement piocher, se former, essayer et récolter. Vous voulez faire du e-commerce, faites-le, vous voulez devenir tatoueur comme je l'ai été, faites-le, vous voulez devenir coach ou écrire un livre, faites-le. Et cela en va de même pour votre style de vie ! Car ici, on ne parle pas de luxe ou de succès inter-planétaire (bien que ce soit tout ce que je vous souhaite), mais de réussite personnelle. Alors ne vous fiez jamais à la vision ou aux conseils de ceux qui ne l'ont pas fait avant vous, trouvez votre axe de progression et engouffrez-vous corps et âme dans ce qui vous inspire et vous rend tout simplement heureux de vivre.

Cela peut paraître fastidieux de commencer seul, qu'il en va d'une importance capitale de trouver des per-sonnes partageant les mêmes idées que vous, des per-sonnes sur lesquelles vous pourrez compter et qui auront un effet significatif quand vous (re)débuterez.

Nous sommes la moyenne des cinq personnes que l'on côtoie le plus au quotidien, oui, cinq personnes que l'on fréquente le plus ou qui rythment nos journées. Re-gardez autour de vous et faites en votre conclusion. Serez-vous en mesure d'évoluer à votre guise, vers là où vous souhaitez aller dans cette conjoncture ? Il n'y a rien de dramatique si ce n'est pas le cas. Rassurez-vous, ces per-sonnes ne sont pas forcément des personnes physiques que vous connaissez, mais peuvent très bien être des gens que vous avez pour habitude de lire ou d'écouter.

Personnellement, c'est en analysant et en étudiant assidûment de grandes figures du monde entrepreneurial que j'ai pu apprendre et développer cet état d'esprit et les compétences qui m'ont été nécessaires pour évoluer dans ce sens.

Il y a tellement de gens aux prises avec ces questions-là, il n'y a donc aucune raison de se sentir seul dans ce processus de développement personnel. Vous pourrez très facilement trouver si besoin des milliers d'entrepreneurs, que ce soit en ligne ou dans des lieux spécifiques. Beaucoup offrent du mentorat, parlent de la façon dont ils ont réussi et offrent des conseils sur la façon de s'en sortir. Entourez-vous de ces personnes aptes à vous faire grandir - évidemment, il sera toujours plus agréable d'échanger et de se lier d'amitié avec des personnes physiques que vous rencontrerez.

Même si la pression de penser devoir tout apprendre avant de démarrer une entreprise est courante chez les nouveaux entrepreneurs, ce n'est pas nécessaire d'en prendre compte si vous comptez sur des personnes qui ont déjà suivi ce cursus. D'où l'importance de trouver et d'entretenir votre réseau dès le début de votre carrière et de vous intéresser aux autres. Travaillez sur votre état d'esprit afin d'attirer à vous ces personnes. N'hésitez jamais à créer le lien et à interagir avec elles, quoi que vous en obteniez. Tout est toujours bon à prendre pour alimenter votre besoin d'apprendre. Cherchez la positivité là où vous n'auriez pas la chance de l'avoir naturellement. L'amitié ça va ça vient, et ça évoluera toujours en fonction de vos affinités.

Dans tous les cas, l'entrepreneuriat est assez peu scolaire. Vous n'avez pas besoin d'en savoir plus que ce que vous avez besoin de savoir pour démarrer. Vous avez juste besoin d'être capable d'acquérir le plus vite possible les sources primaires pour vous lancer. Passez à l'action et vous découvrirez ce que vous avez besoin d'apprendre ensuite.

Créer sa propre entreprise sera peut-être l'une des choses les plus énergivores que vous puissiez faire, mais cela peut aussi être l'une des expériences les plus enrichissantes de votre vie. Alors franchement, je ne pourrais m'abstenir de vous dire de le découvrir par vous-même.

En tant qu'êtres humains, nous avons tous la volonté et les compétences pour vivre de nouvelles aventures et essayer de nouvelles choses. N'en tienne qu'à nous de trouver la volonté nécessaire d'y aller. Nous avons tous la possibilité de voir le monde du travail d'un autre angle, et personne ne devrait priver les gens de ces expériences que l'univers a à offrir, ni même les démotiver à ne serait-ce qu'essayer.

Il va de soi que nous ne pouvons être en mesure de contrôler ce qui se passera à l'avenir ou l'empêcher de se produire, mais nous pouvons toujours choisir comment nous voulons vivre, et ce, à quoi nous voulons que nos vies ressemblent. Que ce soit à travers différents emplois, ou en changeant de carrière, tout comme en explorant un autre chemin amené à nous enrichir de diverses manières.

Soyez ambitieux, soyez dévoué et travaillez avec acharnement. Il n'est jamais trop tard pour démarrer votre propre entreprise et trouver votre succès, et ce, quels que soient vos antécédents ou le nombre de défis auxquels vous avez été confronté dans la vie. Cela vaudra toujours la peine de savoir que vous avez travaillé dur pour ce que vous avez accompli, que ce soit uniquement avec vous-même ou avec votre équipage.

Avancez contre vents et marées, en gardant en tête que la traversée ne sera pas un long fleuve tranquille. Croyez profondément que la vie est une expérience que nous nous devons d'explorer quels que soient les torrents qui souhaitent nous emporter.

Nous voguons sur un océan d'expériences, allant de rivage en rivage, à la rencontre de nouvelles opportunités d'évoluer, de nous forger, de nous polir, de nous accomplir.

Vous êtes le capitaine de votre navire et quel que soit votre équipage, seul vous pourrez vivre cette histoire à votre image.

Voile au vent, choisissez votre cap, et ne soyez jamais l'esclave des éléments qui agiront pour vous détourner de votre destination.

Après chaque tempête vient le beau temps, alors ne vous découragez jamais face aux événements.

Rien ne vient jamais comme on l'attend, mais en restant persévérant viendra ce moment tant espéré que vous aurez su attirer à vous de votre plein gré.

Soyez sûre que vous n'êtes certainement pas fait pour tout, mais je le répète, rien n'est impossible tant que votre esprit le conçoit déjà pour vous. Certains l'appellent "Loi de l'attraction", d'autre "passage à l'action", mais quel que soit son nom, le plus important est que vous vous sentiez dans l'acceptation de tout ce que votre vie, vos choix et vos décisions vous apporteront.

Faites de vos expériences une force pour surmonter comme apprécier chaque instant de cette croisière aux premières loges de cette seule et unique vie ici.

*Quand Rudy m'a demandé de contribuer à son livre, j'ai choisi sans une once d'hésitation ce chapitre, "Contre vents et marées". C'est de loin la moelle épinière de toute nouvelle aventure à mon sens, qu'elle soit professionnelle, ou même sentimentale ! Car oui, j'envisage tout projet professionnel comme le début d'une relation amoureuse :*

*Tout d'abord, il y a l'excitation des débuts, la naissance de l'étincelle et son lot de désirs, de fantasmes, de rêves à réaliser, avec cette innocence presque candide que tout ira bien sans nulle vague pour faire tanguer notre barque.*

Puis le temps d'adaptation à la réalité, son lot d'incertitudes, d'épreuves, de petits pics qui nous montrent que rien ne se crée ni perdure sans labeur, sans envie de faire que ça marche : on apprend alors de nos erreurs, on reste à l'écoute, et on s'obstine positivement pour le meilleur. Nulle formule miracle : il faut du temps, de l'investissement et une irrésistible attraction pour le perfectionnement. Nul n'a jamais bâti de cathédrale avec des pierres mal taillées.

Comme l'a mentionné l'auteur du présent livre, il est important à certains moments de se rapprocher de mentors, de personnes ayant connu des situations similaires qui sauront vous guider afin de profiter pleinement de votre voyage sans répéter sans cesse des erreurs qui pourraient bel et bien vous perdre.

Et enfin, une fois que votre projet a été lancé dans une mer où un millier d'autres projets pullulent, vous devrez naviguer, trouver votre voie, votre style propre pour manier rames et voiles dans le but que ce qui n'était avant qu'un rêve ne se concrétise et résiste à l'épreuve du temps. Oh, il y aura des obstacles ! Des tempêtes, des critiques, des coups et blessures ! Mais également tant de belles épopées humaines, d'échanges riches et d'encouragements sincères !

En fin de compte, tout ce qui importe, ce ne sont pas tant les problèmes, les échecs et les victoires : ce qui compte pour que cela dure, contre vents et marées, c'est que vous fassiez corps avec votre projet, en suivant vos valeurs, vos convictions profondes, et ainsi que ce dernier vous ressemble et ne vous laisse avec aucun regret ni malaise, juste le bonheur de le faire naître, croître et évoluer au fil des expériences. Car c'est là la réalité de tout gérant, de tout entrepreneur : rebondir face aux situations, trouver des solutions aux problèmes, prendre le temps de réfléchir quand tout n'est que vacarme, pour mieux savourer les instants de paix.

À la manière d'une relation amoureuse, si vous êtes authentique, fidèle à vos valeurs, à l'écoute et avec l'envie que les choses évoluent dans le bon sens, votre projet ira dans la bonne direction, et celle-ci peut être très *différente de l'idée que vous en aviez au départ ! Je vous souhaite donc de vous épanouir dans cette nouvelle histoire d'amour, n'ayez pas peur de vous jeter à corps perdu dans son écriture !*

*Nours*
*Tatoueur - Entrepreneur.*
*www.tatouagelevelup.podia.com*

# CHAPITRE 14

## RÉAPPRENDRE À APPRENDRE

En voulant repousser les limites de sa connaissance, c'est une nouvelle façon d'apprendre qu'il est nécessaire de mettre en place à présent. Non pas en oubliant ses longues années sur les bancs de l'école, ni même en blâmant les expériences transmises par vos professeurs, mais bien en vous appropriant des méthodes qui feront de vous un autodidacte autonome pouvant s'y retrouver dans l'immensité du cerveau collectif de ce monde.

Personnellement, cela m'a permis d'occulter nombreux passages des enseignements que le système à tenter de m'apprendre il y a maintenant bien longtemps, pour enfin me laisser libre cours au choix des sujets que j'ai voulu abordé, et que peut-être au fond de moi, toujours voulu connaître. Cette frustration aujourd'hui révolue, c'est dans un élan de joie et d'émerveillement que je me lance quotidiennement et sans fin dans la grandeur du savoir humain.

Avoir accès à autant de connaissances ne veut pas dire pour autant que vous retiendrez tout ce que vous lirez, verrez ou entendrez… Malheureusement, dirons-nous. Notre cerveau a d'ailleurs une tendance naturelle à vouloir nous leurrer pour nous faire croire à une régurgitation du trop-plein d'informations ; alors qu'avec de l'entraînement et de nouvelles méthodes, nous ne pouvons que constater que ce faux-fainéant en est totalement capable. C'est là qu'il ne faudra pas craindre d'oublier les détails de ce décor dans lequel vous vous aventurerez, mais bien de l'arpenter avec méthodologie et stratégie. De ce fait, le mot "apprendre" peut effectivement nous rappeler l'époque de nos études académiques, la cloche qui tarde à sonner et les hectolitres d'encres déversés sur du papier qui jaunit à ce jour dans nos greniers. Ici, on ne parle pas de labeur, mais de plaisir, pour se construire et s'émanciper pour notre avenir. C'est maintenant que nous allons enfin pouvoir explorer ces ressources avec inspiration et plénitude. Le choix s'offre à nous et il est bon d'en profiter pleinement sans que personne ne vous dise quoi apprendre.

Devenir un fanatique de la croissance intellectuelle et chercher des possibilités de lier tous les sujets qui nous passionnent, n'est pas sans devoir relever de nombreux défis pour progresser. Prendre de nombreuses initiatives intellectuelles et pratiques pour comprendre le fonctionnement de ce qui nous est nécessaire. Apprendre et comprendre par nous-même, demande souvent du temps avant que cela devienne clair et limpide, mais pas impossible. Cela ne sera pas forcément évident pour tous, mais dès lors que nous nous efforçons de comprendre tous ces nouveaux mots, nous sommes forcés de constater que cela fait sens pour évoluer. L'opportunité de se construire en autodidacte devient possible, prête à nous propulser dans des directions que nous pouvons enfin choisir. Pourquoi ne pas en profiter pour sauter dans le train et prendre conscience que cela ne peut que nous emmener très loin ?

Lorsque j'ai compris qu'il était nécessaire d'en savoir plus que ce que je n'en savais déjà, que le seul moyen pour moi d'avancer était de trouver cette méthodologie pratique qui me corresponde pour retenir le nécessaire pour évoluer, c'est effectivement toute une nouvelle discipline qu'il a fallu mettre en place et apprendre à appliquer. *Réapprendre à apprendre* pour s'améliorer ne peut s'exercer que par l'envie de vouloir faire mieux, que par la détermination de vouloir se développer, pour devenir meilleur et plus aguerri. C'est certainement plus sérieux que l'on ne puisse le penser car cela demande déjà du temps pour pleinement s'y consacrer.

Apprendre à se challenger en allant chercher au-delà de notre zone de confort est d'ailleurs d'une aide précieuse pour trouver la maîtrise du sujet sur lequel vous travaillez. Apprenez à oser vous surpasser et allez chercher dans l'inconnu. Sachez avant tout si vous le faites pour quelque chose de nouveau ou simplement pour avancer, afin de concrétiser votre projet et de devenir expert dans un domaine.

Dans tous les cas, l'envie et l'énergie déployées seront les moteurs de votre réussite. Si vous pensez au réel pourquoi vous souhaitez vous y atteler, ce n'est que la dose de motivation que vous y administrerez qui vous transposera dans l'effervescence de son acheminement. Les techniques sont vastes et souvent très personnelles, à vous de trouver la dynamique et le système qui vous aidera dans votre parcours initiatique.

Assouvir sa curiosité, étancher sa soif de savoir et implémenter dans sa vie et dans ses business toute la culture et les courants de pensées accumulés au fil des années, ne rend que plus libre de pouvoir se pencher sur le contrôle de sa vie et de ses objectifs. Sans avoir trouvé cette synergie d'apprentissage coordonnant tout ce que l'on ne m'aurait jamais fait découvrir, jamais je n'aurais pu ouvrir en moi cette obsession pour ma quête vers l'indépendance et l'auto-suffisance. Apprendre et étudier seul lorsque l'on a un but ultime démultiplie le "système D" caché en chacun de nous. Dans tous les cas, pas d'autre choix, quand on souhaite savoir quelque chose, il est toujours nécessaire d'aller trouver réponse à la source. Rappelez-vous que se poser les bonnes questions apporte toujours les bonnes réponses.

Nous en reviendrons toujours à l'absolue nécessité d'être en accord avec un "pourquoi" fort, développant un certain instinct de survie en nous poussant à garder le rythme pour ne pas être mis en touche dès le premier coup d'envoi. Apprendre, mais surtout intégrer que ce que nous nous efforçons de comprendre, est une compétition permanente face à la réalité de ce monde en constante évolution. Il n'est pas rare de devoir revenir sur un sujet afin de se mettre à jour, quel que soit le temps que vous y avez déjà consacré.

Tout ceci ne doit jamais être une contrainte pour vous, mais un plaisir excitant qui doit vous émerveiller continuellement. Gardez cette magie de la découverte avec vos yeux d'enfant, vous n'apprendrez que mieux. En acceptant ce mécanisme dont vous trouverez les plans, c'est un boulevard qui s'ouvre devant vous. Inconsciemment, vous vous sentirez stimulé, jusqu'à ressentir un manque après chaque livre que vous refermerez. Chaque nouveau sujet appris, chaque nouveau cursus entrepris, excitera votre raison d'être et l'envie d'accroître toujours plus votre savoir pour avancer vers votre but ultime. En prenant part à cette aventure, ces découvertes deviendront pour vous des défis à relever, de nouvelles façons d'aiguiser votre savoir et votre état d'esprit pour les mettre en application.

Aujourd'hui vous avez la chance de pouvoir profiter des plus grands experts de ce monde en quelques clics. Internet est pour ça un outil d'exception et un gain de temps sans lequel le cursus classique ou vos recherches bibliographiques n'auraient pu vous offrir avec précision tout l'apanage des compétences dont vous rêviez. Tous les meilleurs professeurs du monde sont à vos côtés et ce serait dommage de ne pas en profiter !

Si vous êtes toujours étudiant au sein d'un parcours académique, usez de tous les outils mis à votre disposition pour vous perfectionner autrement. Ne lâchez rien pour autant, mais ouvrez votre esprit et le champ des possibles en apprenant aussi différemment. Il est toujours bon de voir comment cela fonctionne ailleurs, quelles que soient les recommandations que l'on vous aura faites. Une fois libéré de ces "chaînes" continuez à faire fonctionner vos méninges en vous documentant sur des sujets pouvant apporter de la valeur à votre vie, c'est la plupart du temps souvent gratuit !

Lorsque vous cherchez à apprendre de nouvelles compétences par vous-même, n'hésitez jamais à vous diriger vers des sujets qui attisent votre curiosité ou vous passionnent, sur un mal-entendu, cela pourrait devenir un projet ambitieux dans lequel vous pourriez vous engager pour le professionnaliser ou tout simplement des méthodes utiles qui vous aideront à avancer plus vite. Quoi de mieux que de repenser au fait de pouvoir vivre de sa passion ? Challengez-vous et tentez l'expérience, qu'avez-vous à perdre ? Au pire, vous augmenterez votre bibliothèque intellectuelle.

Dans tous les cas, tout ce que vous apprenez n'a pas à avoir une place définitive dans votre vie, mais aura tout de même eu sa chance de pouvoir alimenter votre culture et vous présenter aux portes de son existence. Savoir ce qui est bon pour nous ou non, passe obligatoirement par le fait de s'être suffisamment renseigné afin de savoir ce qu'il en ressort et de pouvoir se permettre d'en juger. Le plaisir étant, vous n'avez pas à vous forcer à en garder une trace dans votre réalité. L'apprentissage doit rester une source de plaisir ou de nécessité, mais le fait d'avoir essayé ou seulement pris le temps de vous en informer gardera le mérite d'être un sujet connu et dont vous pourrez parler. Que cela vous apporte quelque chose ou non dans votre vie ou votre business, il sera toujours pertinent de savoir de quoi on parle. Si cela n'influe aucunement sur votre existence, n'oubliez jamais le souvenir du plaisir que cela vous a procuré lorsque vous aurez tenté de l'explorer.

De cette manière, j'ai pu expérimenter de nombreuses façons de gagner de l'argent sur internet. J'ai pris le temps d'écouter ce que l'on en disait, trouvé des moyens rapides pour me documenter, apprendre le B-A BA et en comprendre les mécaniques - me rendre compte que ça fonctionnait - en tirer des conclusions et donner mon avis - m'apercevoir que ce n'était pas toujours fait pour moi - et passer à d'autres sujets qui attisaient ma curiosité.

L'expression "touche-à-tout, bon à rien" est clairement l'étiquette que l'on pourrait tenter de me coller, mais cela m'a permis de pallier une certaine frustration de ne pas savoir. Et je déteste ne pas savoir quand je sais que ça peut m'intéresser !

Oui, je suis un "multipotentiel" depuis toujours, un "Slasheur" comme il est nouveau de dire lorsque l'on a du mal à se conformer à la normalité de n'avoir qu'un seul métier. Mais je me rends compte que là où je m'épanouis réellement et là où je suis le plus performant, c'est dans des missions où je dois faire appel à plusieurs compétences, et donc où je dois faire appel à mon côté "touche-à-tout". Si les multipotentiels sont dotés d'une grande soif d'apprendre et d'une bonne capacité d'adaptation, ce sont, en revanche, des personnes qui se lassent et s'ennuient rapidement. Paradoxalement, cela à souvent aux yeux des gens une connotation "négative", et pourtant, j'ai pu m'apercevoir que ce que je sais et suis en mesure de mettre à contribution, m'a plutôt bien aidé et jamais desservi. Je suis un électron libre en phase avec ses ressentis quand il s'agit de me pencher sur de nouveaux sujets. Ça m'a permis de développer mon ouverture d'esprit, de savoir répondre, en connaissance de cause, à de nombreuses questions humaines et professionnelles, en ressortir des expériences qui m'ont finalement été utiles lorsque que j'ai trouvé ma voie : celle d'un entrepreneur aux multiples facettes, ne se posant plus la question de savoir s'il est nécessaire de devoir être carriériste. Non, juste passionné par ce qu'il fait.

Toute ma vie, je me suis aperçu que je suivais un certain schéma : quand je commençais à m'intéresser à un sujet, je plongeais dedans, j'y mettais toute mon énergie et je devenais plutôt doué dans ce domaine ; ensuite, j'arrivais à un point où je commençais à m'ennuyer. Je m'intéressais alors à un autre sujet, quelque chose qui n'avait rien à voir avec le précédent et j'y plongeais à nouveau corps et âme. Même si ma plus longue carrière à ce jour a été d'être tatoueur, au cœur de cette discipline, je me suis vu changer de nombreuses fois de style… mais ai fini tout de même par m'ennuyer.

Jamais rien de ce que vous apprendrez n'est acquis en vain. Il y aura toujours quelque chose qui vous en retiendrez qui, un jour ou l'autre, sera amené à refaire surface et vous servir. Comme j'ai tendance à dire : "Rien n'est fait par hasard et tout a une raison d'être". Nous pouvons nous perdre au centre de dizaines de sujets aux antipodes les uns des autres, mais j'ai remarqué que ce tout finit toujours par déclencher un certain "fil conducteur" qui nous aide à représenter et à conceptualiser notre fonction adéquate, notre zone de génie. Un tout qui nous guide vers ce pourquoi nous sommes fait, l'image de nos pensées à laquelle nous voulons donner vie et le style que nous voulons lui donner dans la réalité. Cet ensemble finit par faire naître quelque chose qui finalement nous représente parfaitement. Cela peut paraître abstrait dit comme ça, mais j'ai cette intime conviction que nos choix nous guident toujours sur une part de nous qui finit par nous être utile dans la vie. Inconsciemment, notre esprit nous amène à des réponses qui éclairent notre chemin vers notre accomplissement. C'est donc en procédant intimement à une nouvelle façon d'apprendre librement que vous construirez votre manière d'interagir avec votre monde idéal.

Alors testez, testez et retestez tout ce que vous apprenez. Je ne répéterai jamais assez que c'est en appliquant que l'on apprend le mieux. C'est d'ailleurs en essayant immédiatement ce que j'apprends que je me rends compte si cela vaut la peine de persévérer ou de savoir si l'idée est bonne ou si elle ne devrait rester que sur papier.

Veuillez m'excuser l'expression mais "une idée à la con est parfois en mesure de devenir une révolution !"

*Je suis professeur de danse depuis maintenant 30 ans. J'ai consacré ma vie à enseigner la danse à des élèves de tous âges et de tous niveaux. Au fil des ans, j'ai appris que pour être un bon enseignant, il est essentiel de ne jamais s'arrêter d'apprendre.*

*En tant que professeur de danse, je dois constamment me tenir informée des nouveaux styles et des tendances en la matière. C'est pourquoi je fais régulièrement des stages avec des danseurs de renom, pour apprendre de nouvelles techniques et de nouveaux styles. Cela me permet de continuer d'être à la page et de proposer des cours pertinents et intéressants pour mes élèves.*

*En tant qu'enseignante, je sais qu'il est important de se mettre également à la place de l'élève. C'est pourquoi j'ai pris l'habitude de me remettre en question régulièrement et de réajuster ma façon d'enseigner en fonction des besoins de mes élèves. Cela me permet de mieux comprendre ce qui est le plus utile et pédagogique pour tel ou tel pas, ou pour telle ou telle chorégraphie. Cela me permet également de comprendre leurs difficultés et leurs besoins, et de les aider à progresser de manière efficace.*

*Réapprendre à apprendre est également important pour moi en tant que professeur pour ne pas tomber dans la routine et offrir toujours quelque chose de nouveau et d'excitant à mes élèves. Cela me permet de* maintenir leur intérêt et de les motiver à continuer à apprendre et à progresser.

Il y a des moments où j'ai dû sortir de ma zone de confort pour intégrer de nouvelles techniques ou styles qui étaient différents de ce que j'avais l'habitude de faire. Mais ces moments ont été des opportunités incroyables pour moi de grandir dans mon domaine et de devenir plus créative dans mon enseignement.

Réapprendre à apprendre est crucial pour réussir. Il s'agit de se remettre en question régulièrement, de s'adapter aux besoins et de ne jamais s'arrêter d'apprendre. En adoptant cette attitude positive et en mettant en pratique ces principes, nous pouvons offrir des cours pertinents et inspirants qui aideront nos élèves à progresser et à atteindre leurs rêves pour leur plus grand plaisir.

En fin de compte, je voudrais souligner l'importance de continuer à apprendre tout au long de sa vie, pour évoluer dans tous les domaines et réaliser ses aspirations. Cela implique d'être curieux, de s'adapter aux changements et de se remettre en question régulièrement. Cela signifie aussi de ne jamais se reposer sur ses acquis et de chercher constamment de nouvelles opportunités pour évoluer et s'améliorer. En adoptant cette attitude positive et en mettant en pratique ces principes, chacun peut atteindre ses objectifs et réussir dans tout ce qu'il entreprend.

Karine Mayet
Professeur de danse

# CHAPITRE 15

## RÉUSSIR À TOUT PRIX

Nous avons tous les mêmes 24 heures dans une journée. Bien que des fois, je me dis que j'aimerais que celles-ci fassent 36 heures comme dans le film Men in Black ou posséder le don d'ubiquité pour être partout à la fois, je me suis rendu compte que certains d'entre nous réussissaient mieux que d'autres. Pourquoi donc ? Quel est ce "secret" qui nous paraît si bien gardé ? D'où provient cette magie qui opère et se transforme en succès ?

Ceux qui réussissent ne réussissent pas parce qu'ils ont de la chance, ils réussissent parce qu'ils travaillent. Ils alimentent une éthique incroyable qui va dans ce sens et restent obsédés par leurs objectifs en faisant tout pour les atteindre. Ils repoussent leurs limites et n'abandonnent jamais, même lorsque les choses deviennent compliquées.

Ces personnes restent focus sur leurs tâches primordiales, ne se souciant pas de ce que les autres pensent d'eux ou du temps qu'il leur faudra pour arriver là où elles veulent aller. Elles n'abandonnent pas lorsqu'elles sont confrontées à l'adversité, mais trouvent plutôt des moyens de la contourner, et même d'en user.

Elles gardent continuellement en tête que la vie est trop courte pour passer à côté de leur but, ne se donnant d'autres choix pour réussir qu'en passant du temps sur l'essentiel de leurs objectifs. Elles considèrent leurs heures comme un bien précieux, sans chercher à les rallonger ; c'est pour cette raison qu'elles restent super sélectives dans le choix des tâches qu'elles réalisent dans la journée.

Elles disposent d'une volonté implacable et seront donc assez têtues pour faire tout ce qu'il faut pour y arriver. Elles n'estiment pas avoir réussi tant qu'elles ne se seront pas surpassées. Elles prennent donc constamment des mesures importantes et agissent sans relâche dans leur mission jusqu'à y parvenir, peu importe le nombre de fois où elles échouent ou le nombre d'obstacles qui se dressent sur leur chemin. La réussite n'est donc pas un choix, mais un défi à relever. C'est même un devoir pour elles. Ne considérez pas que ce soit une question de chance ou de hasard, mais plutôt l'accumulation d'agissements, de choix et de préoccupations. Le succès n'est donc pas un accident.

## Tous légitimes

Toutes ces personnes ne naissent pas pour autant avec une cuillère en argent dans la bouche, n'ont pas forcément eut les vies les plus simples au début, ne sont pas toujours les plus intelligentes ou les plus talentueuses ; elles ont peut-être été malmenées étant jeune, ne sont pas spécialement issues de grandes familles, mais pourtant, elles ont quand même réussi à s'en sortir. Pourquoi ? Parce qu'elles ont compris que nous étions tous dotés d'un potentiel incroyable, que nous avions tous le pouvoir de changer le monde, mais que c'est à nous de prendre les décisions et les mesures nécessaires pour y parvenir.

Alors qui que vous soyez, n'ayez pas peur de prendre des risques et soyez toujours prêt à sortir de votre zone de confort pour aller chercher ce que vous désirez. Apprenez à en prendre là où d'autres pourraient hésiter ou seraient incapables de les gérer mentalement, car c'est là que se fera peut-être la différence.

À cause de cette peur, beaucoup n'abordent pas la réussite comme une obligation incontournable ou comme quelque chose dont ils ont absolument besoin, et nous pouvons le comprendre. Mais le soucis, c'est qu'ils passent leur vie à trouver des excuses pour expliquer pourquoi ils n'ont pas réussi. C'est malheureusement la constatation la plus fréquente. Ce sont d'ailleurs souvent ces mêmes personnes n'obtenant pas ce qu'elles veulent qui cherchent à se justifier, quitte à se mentir à elles-mêmes, en ronchonnant le fait qu'elles souhaiteraient tout de même que ça leur arrive.

Le problème, c'est qu'elles finissent par se convaincre que ça ne les intéresse pas vraiment, alors qu'il serait humain d'admettre vouloir quelque chose qui ne s'est pas encore produit.

Si vous prenez conscience un moment que vous ne pouvez pas tout faire par vous-même, mais que ça peut marcher, apprenez à vous entourer de personnes partageant les mêmes idées, qui possèdent les connaissances et qui vous aideront à atteindre vos objectifs. Sachez donc déléguer ou vous associer et rappelez-vous :

*"Tout seul, on va vite. Ensemble, on va loin."*

Il existe vraiment de nombreuses façons de réussir, mais il est important de trouver ce qui fonctionne pour vous. Si vous voulez réussir, vous devez être motivé et déterminé. Bien que la discipline soit plus forte que la motivation, vous devez travailler dur et ne jamais abandonner. Dur ne veut pas dire beaucoup, mais bien. Restez donc attentif aux tâches que vous exécutez au quotidien et résistez à la tentation de vous atteler uniquement à de petites tâches juste parce qu'elles sont faciles. C'est votre capacité à choisir les tâches qui vous rapprochent directement de vos objectifs qui déterminent en grande partie votre réussite.

Gardez toujours la vision de votre idéal en tête et avancer sans jamais renverser la vapeur. Ce ne sera pas toujours évident, mais restez persuadé de vos choix si ceux-ci doivent vous amener sur le bon chemin. Ce sont eux qui détermineront votre direction.

*"La clé n'est pas seulement de suivre vos rêves, mais de vous surpas-
ser chaque jour et de vivre avec votre mission de vie
toujours en tête."*

## Définir la réussite

Il n'y a pas de définition unique de la réussite. C'est un terme relatif. La définition qu'une personne lui donne peut être différente de celle d'une autre. Certaines pourraient voir la réussite comme avoir la liberté de faire ce qu'elles veulent, tandis que d'autres peuvent penser que cela signifie être amoureux ou avoir une bonne santé. Cela peut être aussi de pouvoir vivre sa vie à sa guise ou subvenir aux besoins de sa famille, d'avoir un travail qu'on aime ou signifier pouvoir disposer de beaucoup de temps libre pour profiter de la vie. Cela ne se mesure pas toujours en termes d'argent, de pouvoir ou de renommée, mais peut également être mesuré par le degré d'épanouissement dans la vie ou l'héritage que vous laisserez derrière vous.

*"La vraie réussite, c'est de parvenir à s'extraire de la foire d'empoigne
et organiser ses activités de manière à trouver la tranquillité d'esprit."*
- Nassim Nicholas Taleb.

Nous avons donc tous des définitions différentes de ce qui constitue la réussite et elles sont vastes. C'est donc à nous de décider à quoi nous voulons que nos vies ressemblent et de travailler pour que cela se produise. Cette idée de ce que signifie la réussite pour un individu est largement influencée par la culture et la société dans laquelle il vit. Nous devons en établir nos propres définitions personnelles et nous efforcer de l'accomplir.

## Se responsabiliser pour réussir

Nous avons tous une mission de vie que nous devons accomplir pour être heureux et épanouis, et pourtant, ce n'est pas aussi difficile qu'il n'y paraît. Si vous voulez vivre une vie heureuse et épanouie, vous devez vous assurer que vous faites ce qui vous rend heureux. Vous devez trouver la chose qui vous fera vibrer et y travailler jusqu'à ce que vous réussissiez.

La responsabilité de réussir repose sur chacun d'entre nous et personne d'autre. Nous ne pouvons pas blâmer le destin ou nos parents pour nos échecs et notre situation. Nous sommes les seuls à pouvoir faire une différence dans nos vies et nous nous devons de tirer le meilleur parti de ce que nous avons déjà.

Les personnes qui réussissent, quand elles échouent, ne cherchent pas à trouver des coupables et savent qu'il vaut mieux faire en sorte que quelque chose arrive, que cela soit bon ou mauvais, qu'être victime des événements. C'est pourquoi, pour atteindre vos objectifs, vous devez vous convaincre que vous êtes la cause de tout ce qui se produit dans votre monde, que ce soit en bien ou en mal. Ce n'est pas un besoin compulsif de tout contrôler, mais simplement de cultiver un sens positif des responsabilités afin de trouver des solutions efficaces à tous vos problèmes. Cela peut être difficile au début, mais avec le temps et de la détermination, nous nous devons tous de réussir pour vivre heureux en restant optimiste. Il est primordial pour cela de faire ce que vous aimez et pas seulement ce qui rapporte le plus.

Tout le monde mérite un sentiment d'accomplissement et de réussite financière, mais il est également important de ne pas oublier votre santé et votre bonheur, car sans la santé, vous ne pourrez rien faire.

La réussite personnelle n'est pas qu'une question d'argent ou de pouvoir, mais de sérénité et de paix d'esprit. La clé est de trouver ce qui brûle en vous et vous passionne et de la poursuivre, voilà ce qui est pour moi le but ultime.

S'épanouir, se sentir aligné mais surtout pas stressé par ce que nous impose la société. Cela doit réellement être une démarche personnelle qui sera en mesure de vous décharger des émotions négatives de votre vie de tous les jours. Un sentiment de bien-être et d'immersion totale, sans dommages irréparables. C'est une recherche constante qui peut paraître utopique, mais qui est pourtant à la portée de tous, si vous en faites une priorité à tout prix.

Même si comme tous, nous avons des responsabilités auxquelles nous ne pouvons déroger, gardez en tête le fait que la vie que vous menée n'appartient qu'à vous et à personne d'autre. Ce sont vos pensées et vos choix qui la façonnent. Mais pas d'inquiétude, vous pourrez toujours changer vos pensées pour la changer.

## Les ingrédients de la réussite

Pour moi, il y a donc deux aspects essentiels de la réussite dans ce monde. Le premier c'est la persévérance. Persévérez et apprenez si vous chutez - persévérez et apprenez si vous perdez. Qu'est-ce que vous pouvez faire pour que ça se passe mieux ? Apprenez à persévérer et n'abandonnez pas, car seul l'abandon mène à l'échec. Un échec est temporaire, mais si vous persévérez, cela se transformera en succès.

Je me souviendrais tout particulièrement du jour où Amazon clôtura mon compte d'impression d'ouvrages à la demande. Suite à une erreur magistrale de ma part concernant les droits de publication, ce sont plus de 250 livres que j'avais créé ou réédité qui ce sont évaporés. Impossible de trouver des excuses pour les récupérer. À l'approche de Noël de cette année, voilà des milliers d'euros partis en fumée. J'étais brisé. Tant d'heures passées à la recherche, à la confection et à la mise en ligne, par un défaut d'attention, voilà mon business totalement détruit.

Mais j'ai pris mes responsabilités, trouvé des alternatives et persévéré. Me voilà à réouvrir une société pour être autorisé à reprendre mes activités. Un travail colossal pour remettre la machine en marche, mais je n'ai rien lâché et j'y suis arrivé. Mais j'ai surtout appris de mes erreurs. Alors vraiment, persévérez et prenez vos responsabilités, rien n'est jamais perdu.

C'est donc la responsabilité qui, pour moi, va complètement de pair. À chaque étape de votre parcours soyez responsable. Tout ce que vous avez fait vous ne le devez qu'à vous-même. Si vous gagnez de l'argent par une décision que vous avez prise, c'est grâce à vous. Si vous perdez de l'argent par rapport à une mauvaise décision ou un défaut d'attention, vous en êtes responsable. Vous êtes responsable des informations que vous écoutez, vous êtes responsable de vos agissements, des groupes dans lesquels vous êtes et des choix que vous faites. Vous êtes responsable de tout dans votre vie. La réussite n'est qu'une question de choix, à vous d'en assumer les conséquences !

Si votre job ne vous plaît pas, c'est à vous de prendre la décision d'en changer. Si vous ne gagnez pas assez d'argent, c'est à vous de revoir votre manière d'en générer. Ne mettez jamais votre responsabilité dans les mains d'une autre personne.

Vous êtes responsable de tout !

Je sais par expérience que ce ne sera pas facile pour tous, mais c'est comme ça que vous pourrez faire ce que vous voulez, que vous pourrez faire le métier que vous souhaitez, avoir les revenus que vous désirez : il suffit juste de vous donner les moyens de réussir. Vous êtes capable de le faire. Si vous avez envie de faire autre chose, allez vous former et faites autre chose. Ne me dites pas que vous n'avez pas la capacité d'y parvenir, vous en avez la capacité, quelqu'en soit vos priorités.

Si vous rendez quelqu'un d'autre responsable de ce qui vous arrive, c'est que vous avez abandonné votre pouvoir de réussir.

Depuis ma reconversion, je me rapproche de gens responsables qui gardent le moral, surtout dans ces temps très particuliers que sont la reconstruction d'un nouvel avenir ; des gens qui restent responsables et surtout qui savent s'entraider. Ils savent que chacun de leurs choix est de leurs propres responsabilités, qui avisent et ne lâchent rien tant que tout n'est pas réglé.

Si je prends aujourd'hui le bon chemin, c'est aussi grâce à eux. Ces gens sont d'un grand positivisme et restent toujours optimistes, ça fait du bien. S'ils perdent, ils savent que ce sont eux qui sont responsables, mais ne se laissent pas abattre pour autant. Ils apprennent, ils se relèvent et continuent de persévérer jusqu'à obtenir gain de cause. Ils réussissent ou réussiront, car pour moi, les deux ingrédients principaux que je décèle chez eux sont la responsabilité et la persévérance.

Alors croyez que vous allez réussir. Croyez-le fermement, et vous ferez alors ce qui est nécessaire pour y parvenir.

*"Chaque réussite commence avec la volonté d'essayer."*

Le premier domaine contrariant où la rupture cérébrale se produit est dans notre centre de la mémoire - par exemple, être incapable de se souvenir de choses que vous n'oublieriez pas habituellement, oublier des tâches importantes qui doivent être accomplies - l'incapacité de penser de manière créative et de proposer de nouvelles idées ou solutions aux problèmes. Plus une case de disponible dans votre caboche pour accueillir la plus petite notion de bon sens. Votre serveur psychologique est coupé net de toute attribution venant de l'extérieur. Que l'on ne vous demande pas de penser à aller chercher du pain frais, au risque d'une déconnexion totale et d'un reset de votre esprit !

La rupture cérébrale peut tout aussi bien être mentale que physique - par exemple, devenir si épuisé que vous manquez de compétences motrices et de réflexes de base ; cela peut se produire progressivement ou soudainement lorsque le corps en a assez, mais que votre esprit continue de travailler à grande vitesse. Le cerveau est surchargé de stimulations et à l'instar d'un flipper : il "tilt".

Si vous décelez ce cas chez vous, n'allez pas à l'encontre de ce que vous crie votre corps. N'essayez surtout pas de vous dire que ça ira mieux après une bonne nuit de sommeil ou en prenant une courte pause à la machine à café. Quand vous vous rendez compte et vous mettez à l'évidence que vous arrivez à ce stade critique, stoppez tout et relativisez ! Tant qu'il en est encore temps…

## Les solutions

Un bon moyen d'éviter ce problème est de garder vos pensées organisées et réparties tout au long de la journée, et ce, sans en faire plus. Personnellement, j'utilise la méthode d'Eisenhower, méthode visant à donner des priorités aux tâches en les classifiant par ordre d'importance sous forme de tableau, en me posant cette question :

Si je ne fais pas cette tâche, que va-t-il se passer ? Cette question va vous permettre de classer vos tâches à réaliser en quatre catégories :

- Pas urgent, pas important : il n'y a aucune raison de faire cette tâche maintenant. Vous pouvez l'oublier pour l'instant et vous concentrer sur autre chose. Exemple : trier des papiers.

- Urgent, mais pas important : cette tâche doit être faite malgré son faible impact sur le futur. Il y a donc deux solutions : soit vous la faites sur le champ, soit vous déléguez cette "corvée" afin de vous libérer. Exemple : répondre à tous ses emails.

- Important, mais pas urgent : ceci doit être bien fait. L'avenir est lié à sa réalisation. Dans ce cas de figure, il s'agit de planifier le travail : le faire soi-même plus tard, ou le déléguer. Exemple : organiser une réunion avec un client dans trois mois.

- Important et urgent : ici, il n'y a plus de choix possibles, vous devez réaliser cette tâche vous-même et immédiatement. Exemple : réparer une machine tombée en panne et bloquant toute la production.

Gardez à l'esprit de vous poser régulièrement cette question :

Est-ce que cette tâche est essentielle ou accessoire ? Et repassez à une tâche essentielle.

Apprenez à dire non pour éviter d'ajouter des tâches non-importantes pour vous. Avec le temps, quand vous aurez gagné en organisation, vous aurez beaucoup moins de tâches urgentes. En effet, seules les tâches qui n'ont pas été faites au moment opportun deviennent urgentes…

Si vous n'êtes pas capable de le faire, essayez d'écrire toutes les pensées qui vous dérangent, parasitent vos habitudes ou arrivent à des moments incongrus afin qu'elles ne restent pas agglomérées dans votre esprit. Le plus important et vital étant de vous délester au maximum de tout ce qui risque de vous encombrer, quitte à avoir des post-it partout dans votre environnement ! Vous ne pourrez installer de meilleur refroidisseur mental que ça. Le but étant de réellement vous décharger de tout afin d'alléger, voire de réinitialiser votre système naturel de pensée.

Lorsque la charge mentale devient donc trop lourde à gérer, il est important que vous preniez du temps uniquement pour les tâches éprouvantes sur le plan cognitif. Cela donnera à votre cerveau une chance de se débarrasser de tout encombrement, de réduire la pression persistante, contribuera à améliorer la qualité de votre travail par la suite et surtout à reprendre une vie claire et limpide.

Nettoyer le fouillis mental et mettre de l'ordre est une première étape très importante dans ce cas pour reprendre la résolution des problèmes. C'est l'un des moyens les plus élémentaires de réduire cette satanée charge mentale. Le cerveau a besoin de temps pour traiter les informations, mais il a aussi besoin d'espace pour ne rien faire du tout, ou du moins très peu, s'il ne le veut pas. Comme s'il avait une conscience et des droits, à part qu'il souhaite qu'on le prenne sérieusement en compte.

En vidant votre esprit et en réinitialisant votre système neuronal, vous pouvez en faire plus en moins de temps et redevenir beaucoup plus productif. Quand vous réouvrez les yeux suite à ce genre d'incident de parcours, vous redécouvrez les joies d'un esprit encore plein de capacités. C'est comme laisser couler un liquide au travers d'un entonnoir, c'est parfois plus long, mais vous pouvez en obtenir toute la quantité.

Prenez ces habitudes dans votre routine quotidienne même si cela peut sembler être une tâche ardue. Cela commence généralement par de petits changements que vous construisez progressivement jusqu'à ce que vous atteigniez un point où le changement est inévitable. La meilleure façon de faire en sorte que ce changement se produise est de faire des pauses fréquentes dans ce que vous faites afin que votre cerveau ait le temps de traiter et digérer ce sur quoi il a travaillé et d'éliminer tout encombrement mental ou interférence.

C'est à ce moment-là que j'ai compris qu'il n'était pas nécessaire de tenter d'en faire plus que ce qui était physiquement possible de faire. Même si je prône la résistance à la douleur afin de constamment faire évoluer mes capacités, à certains moments, mal organisés, c'est comme être partout, mais finalement nulle part à la fois. Il est préférable, à des instants biens choisis, de ne pas forcément travailler beaucoup, mais plutôt de mettre au point des techniques permettant de travailler plus intelligemment, et surtout, qu'il n'est absolument pas productif de combler chaque minute de sa journée en essayant absolument de faire quelque chose.

J'ai découvert après cette mésaventure qu'il était préférable de prendre régulièrement du recul sur l'accumulation de tout ce que j'avais entrepris afin de faire peser dans la balance mes priorités. Que tout ne peut converger au même moment, et qu'il valait mieux prendre la notion d'étalement sur la durée comme une réalité, tout en me convainquant que tout finira bien par se faire ou se résoudre - qu'il était nécessaire de canaliser le volcan…

L'envie de réussir sera un bon point de départ pour arriver au but que l'on se fixe, autrement dit l'objectif visé. Cela ne sera pas forcément suffisant pour maintenir la motivation tout au long des étapes nécessaires à sa réalisation !

Avant de se lancer dans un projet quel qu'il soit, il convient naturellement de se poser quelques questions. Pourquoi le faisons-nous, quel sens nous y donnons, est-ce le bon moment, avons-nous objectivement les compétences, et/ou les outils nécessaires ? Sinon, quelles compétences ou outils devons-nous acquérir pour arriver au but fixé.

Ce premier travail de mise à plat, pour être sûr d'avoir envie d'y aller ; d'être en phase avec notre projet, est important. Mais une fois décidé, définir concrètement les différentes étapes pour y parvenir est crucial. Il s'agira de définir ce qu'on va devoir mettre en place pour y arriver !

Cet objectif devra donc être soigneusement découpé en plusieurs étapes pour ne pas prendre le risque de justement tourner en rond, et procrastiner…

Prenons un exemple, si je vais consulter un psychologue dans l'objectif de réussir à être heureux dans la vie, mais que je ne définis pas avec lui ce qu'est pour moi le bonheur… Je risque de très vite tourner en rond !

Ainsi, si vous notez sur un post-It : Monter ma boite ! Écrire un livre ! Apprendre à jouer du piano…
Ou n'importe quel projet important pour vous… Il y a de grandes chances (ou risques !) que chaque matin, le post-It sous les yeux, vous ne voyiez qu'un vaste projet un peu utopiste et que vous ne fassiez rien.

Pourquoi ?

Parce que ce n'est pas assez concret pour votre cerveau, les pensées vont fuser dans tous les sens pour finalement ne mener à… rien, à part de l'anxiété ! Une fois votre projet découpé en étapes bien distinctes, il demeurera deux facteurs psychologiques importants impliqués dans la réalisation de votre projet. Le concept de motivation d'une part, et les moyens que nous allons mettre en œuvre tout au long du processus, notamment d'apprentissage.

"La motivation joue un rôle primordial". Elle allie à la fois des processus physiologiques, émotionnels et cognitifs en vue de la réalisation d'une action.

La motivation est étroitement liée au renforcement, à l'apprentissage, ainsi qu'au sentiment d'efficacité personnelle ! La motivation est un état interne qui initie, dirige et maintient les comportements vers un but (Woolfolk, A., 2013).

Nos croyances, notre vision du monde, de nousmême et des autres, influencent nos comportements. Ce que nous pensons de nous-mêmes, de nos compétences (intellectuelles et physiques), et les répercussions de nos actions passées déterminent notre engagement dans des activités. Notre état interne, plus que notre environnement, déclenche, maintient ou fait cesser nos actes (renforcement vs extinction).

Prenons l'exemple d'une souris dans une cage, qui appuie sur un levier. Si ce levier lui délivre une décharge… Sans doute que cette souris ne sera pas motivée à répéter son comportement et arrêtera d'appuyer sur le levier (extinction du comportement). En revanche, si ce même levier délivre de la nourriture, alors son comportement sera renforcé, et sans doute la souris va retourner appuyer sur le levier (renforcement).

Une des clés de la motivation est directement connectée au sentiment d'efficacité personnelle.

La motivation intrinsèque et le sentiment d'efficacité personnelle sont les moteurs permettant aux personnes de se lancer dans des travaux complexes et potentiellement fatigants et frustrants (Karabenick, S. & Urban, T. C., 2010).

"La capacité d'une personne à entreprendre certaines actions dépend donc largement de sa croyance dans cette capacité."

*La motivation est également étroitement liée aux autres fonctions exécutives et au processus d'apprentissage.*

- *L'anticipation :*

- *La planification ;*

- *Les processus d'organisation et de traitement des informations en mémoire de travail ;*

- *Le maintien de l'attention ;*

- *La sélection des informations ;*

- *La flexibilité mentale (c'est-à-dire la capacité à adapter ses actions et à changer de tâches afin de résoudre un problème);*

- *L'inhibition*

*Et là encore, la motivation joue un rôle déterminant, car elle influence l'orientation de l'attention, la sélection des informations et leur traitement. Elle permet d'organiser (planification) les actions en vue de réaliser un objectif et d'obtenir de futures récompenses ou d'éviter des désagréments (anticipation et renforcement). Face aux obstacles, la motivation permet à la personne, soit de retenir ses comportements (inhibition), soit de changer et d'adapter ses stratégies (flexibilité mentale).*

*Les expériences de renforcement modifient la manière dont l'individu trie et organise les stimuli présents dans son environnement. Elles vont donc nourrir la motivation et l'influencer positivement.*

*L'apprentissage quant à lui va désigner la modification du comportement en fonction de l'entraînement.*

*Il y a une très grande variété d'apprentissage qui comprend différents types et niveaux liés en grande partie à la complexité du système nerveux, en particulier du cerveau. Selon l'activité de nos neurones, chaque présentation de matériel à apprendre serait suivie d'une persévération de l'activité neuronale nécessaire à la formation du souvenir : la trace mnésique ne serait pas instan-*

*tanée, mais constituerait un processus demandant du temps (trace mnésique : empreinte laissée dans le cerveau par une information). Ce temps de « digestion » est donc essentiel pour consolider en mémoire du matériel d'apprentissage. Ainsi, pour « retenir », l'apprentissage distribué dans le temps tend à être le plus optimal.*

*Des obstacles à l'apprentissage ou la motivation ? Oui !*

*L'anxiété biaise les processus attentionnels. L'attention est orientée vers la perception d'une menace dans l'environnement. L'anxiété « parasite » l'activité du lobe frontal ainsi que les circuits motivationnels (Luu, P., Tucker, D. M., & Derryberry, D., 1998).*

*Le perfectionnisme, poussé trop loin, focalise notre attention sur les détails au détriment de la perception globale. Il peut également biaiser notre planification et nous faire mettre à chaque étape, « la barre trop haute ». Cela peut nous maintenir dans un cercle vicieux anxiogène nous entrainant vers un manque d'objectivité, une critique excessive de soi-même… Bref, peut mettre à mal notre sentiment d'efficacité personnel et donc, anéantir notre motivation !*

*Des astuces ? Oui !*

*Ne pas négliger de prendre du temps pour soi. Travailler sur soi avec des exercices de pleine conscience ou de relaxation/respiration améliorera la capacité attentionnelle et diminuera le stress ; du temps pour soi, ce n'est pas du temps perdu. Quand on veut aller loin, on ménage sa monture !*

*Pour finir …*

*Un manque d'initiation d'actions, un lien rigide avec l'expérience antérieure, une référence trop importante aux décisions des autres sont autant de facteurs qui freinent la motivation et l'autodétermination. A l'inverse, une prise de conscience de ses troubles, l'acquisition ou le renforcement des capacités d'attention, de planification, de flexibilité mentale et d'inhibition permettent un traitement des informations et des compétences de*

# CHAPITRE 17

## PATIENCE ET OPTIMISME

Vouloir apprendre vite, réussir vite, foncer tête baissée à inévitablement un prix : celui de devoir se confronter rapidement à une charge de travail et de problèmes que l'on n'avait pas spécialement prévus au menu. Tout faire à la va-vite sans vérifier que chaque étape a été respectée, puis se retrouver à attendre que ça morde ou se réalise, avec tout son lot de stress et d'impatience, pensant avoir tout fait comme il le fallait. Se confronter finalement à des retours négatifs hors de notre contrôle. Oser imaginer que tout était déjà acquis et devoir prendre sur soi pour ne pas baisser les bras. En fin de compte, devoir se protéger et assumer les coûts que nos choix prématurés ont engendrés.

La patience n'est pas le mot d'ordre dont on peut imaginer avoir besoin quand on se lance dans cette aventure, ce qui contribue parfois à devoir résoudre des tâches auxquelles nous ne nous étions pas préparés une fois sur le terrain. Car oui, apprendre et penser connaître "théoriquement" et en peu de temps de nombreuses choses, ne fait pas de nous des spécialistes, préparés à toutes éventualités, ni formés à gérer les imprévus.

C'est d'ailleurs ce que je reproche souvent au cursus scolaire classique : il prépare rapidement notre intellect à générer de grandes théories disparates pensant que cela nous servira à trouver des solutions aux problèmes que nous pourront "probablement" rencontrer ; il génère à la pelle de grands techniciens pensant connaître sur le bout des doigts leurs sujets ; mais ne prépare aucunement à se confronter à la réalité du terrain. Les véritables problèmes apparaissent pourtant une fois lâché dans le grand bain. C'est néanmoins l'apprentissage de la patience qui pourrait grandement nous aider à prendre le temps d'analyser notre environnement ou tester notre marché, afin de nous emmener pas à pas vers nos objectifs, en évitant de se faire (trop) bousculer.

C'est en m'apercevant avoir acquis une certaine aisance avec mes machines que le choix du style graphique s'est imposé. Après tout, c'est comme le marteau et le clou, on plante aux premiers essais, puis vient le moment où les coups s'alignent avec le temps et la pratique. Jusque-là, rien de sorcier. Mais pourquoi vouloir encore une fois se mettre dans une case alors que l'art n'a pas de limite en soit ? Grrr, je grince des dents. Autant tout essayer d'un coup et voir ce qui finalement fonctionne le mieux, non ? Les clients ne manquent pas et les idées, plus folles les unes que les autres arrivent à flots. Pourquoi attendre de comprendre les rudiments de chaque style alors que je sais (crois savoir) utiliser un dermographe ?

Peut-être parce que Picasso ne fait pas du Rembrandt, que Monet ne fait pas du Vinci ou que je ne suis surtout personne pour me permettre d'abuser de la confiance et de l'épiderme de mes clients. "Oui, mais je veux tout savoir" ! Mais pas prendre le temps d'apprendre ni de perfectionner ce que j'imaginais être un acquis par procuration de ce que j'avais vu faire.

Effectivement, les problématiques s'enchaînent, les sessions sont longues et laborieuses, les arrêts fréquents, et les clients grincent des dents…

Alors oui, on se rassure comme on peut et on arrondit les angles pour faire passer la pilule aux gens, mais le résultat est-il concluant ? Bien sûr que non.

Voilà une vertu que j'ai longtemps mise de côté et qui m'a de nombreuses fois joué des tours. Je pensais savoir et avoir tout appris, mais je ne savais aucunement faire et résoudre quoi que ce soit de concret. Il a fallu que je voie les problématiques de visu pour me rendre compte que mes connaissances manquaient de maturité.

C'est donc une fois sur le fait accompli, qu'il faut apprendre à canaliser la panique et revoir tranquillement ce qu'il est réellement nécessaire de savoir.

Lorsque nous nous précipitons sur quelque chose, nous en demandons souvent plus que ce pourquoi nous sommes prêts. Nous devrions être plus patients et apprendre en prenant le temps et ne pas se précipiter sur des semaines, voire des années de travail du jour au lendemain.

Nous pensons généralement à la patience comme étant le fait de stagner, mais cela signifie aussi devoir comprendre de quelle façon nous utilisons le temps dont nous disposons. C'est apprendre à en faire bon usage en prenant soin de ne pas nous compliquer la vie avec pression et stress. C'est aussi la capacité à contrôler ses émotions et ses actions face à des situations difficiles ou face à autrui.

La patience peut également être considérée comme une vertu qui aide à se comprendre, mais aussi s'abstenir. Une qualité de caractère qui consiste en la capacité d'accepter ou de tolérer des situations, des ennuis ou des souffrances sans s'énerver. Elle serait donc pour moi une forme de sagesse que les gens apprécieraient de voir être employée.

C'est dans ces moments qu'il faut rester réaliste et résiliant : l'arrivée culminante de nos objectifs demande du temps et de l'humilité pour l'atteindre. Notre perspective face aux chemins que nous devons arborer est longue et fastidieuse : le processus ne sera jamais envisageable à notre bon vouloir ; il exige souvent d'être amélioré, perfectionné, compris et digéré avant d'être employé. Il est vrai qu'il y a des moments où celui-ci est frustrant et compliqué. Nous pouvons penser que ces moments de latence sont des efforts chronophages qui aggravent les choses pour nous, que l'univers nous en veut ou que le karma nous joue des tours. Nous trépignons, nous tournons en rond, nous nous sentons parfois même complètement inutiles, jusqu'à nous remettre totalement en question sur nos choix et notre implication. Ceci nous agace et tente de nous faire perdre tout espoir de voir se conclure ce que nous voulons faire ou obtenir. Nous voudrions pourtant en faire plus, mais ne sommes plus en mesure de contribuer davantage à ce qui a déjà été fait. Cette sensation où tout nous échappe, où nous nous voyons démunis face à ce qu'il se produit. Le rythme bat à contre-temps que ce pourquoi nous étions prêts à cet instant.

Vous savez, ce moment où vous attendez que votre banquier vous accorde ce prêt. Ces longs jours d'attente pour savoir si votre dossier va être accepté ou si votre taux d'endettement borderline ne va pas faire capoter votre prochaine affaire. Vous sentez cette pression, ce stress, cette envie de capituler, où vous vous en remettez à vos prières et votre confiance en l'univers ? C'est de cette vague d'émotions à laquelle je fais référence.

Dans cette société du "tout, tout de suite", l'homme oublie souvent que rien ne lui est dû. Il croit pouvoir imposer sa volonté immédiate au plus grand nombre, mais quoi qu'en pense son ego, c'est à lui de faire ce travail sur lui-même et de relativiser sur la réelle gravité des circonstances ou la nécessité de tout chronométrer. Ce rythme frénétique, exigeant des résultats rapides, ne lui sera donc pas d'une aide précieuse. À part accumuler de la fatigue nerveuse, c'est tout qu'il en récoltera. Question de point de vue...

Et si ce dont nous avions vraiment besoin, était juste de la patience ? Et si ce n'était pas seulement ces moments ou ces expériences qui étaient planifiés de manière réfléchie et habile, mais simplement des opportunités pour nous de cultiver des qualités de maîtrise de soi et d'équilibre émotionnel ?

Demandez-vous : "Quelle est la leçon ? Que dois-je apprendre ou comprendre de cette expérience ?" Cela vous aidera peut-être à calmer vos ardeurs et à aller de l'avant. Cela vous permettra de surmonter certaines de vos hésitations en vous concentrant sur une solution ou toute autre chose d'utile et tangible, au lieu de vous sentir coincé dans un présent qui vous paraît lourd, difficile et contraignant.

*"Laissez le temps au temps !"*

### Rester optimiste pour ne pas subir

Tous les événements de la vie ne sont pas prévisibles et n'arrivent donc pas toujours au bon moment ou comme attendu, mais nous pouvons tous créer des plans d'urgence en cas d'imprévu. Si ces difficultés ne peuvent être évitées, elles doivent tout de même être traitées avec positivisme et optimisme plutôt que de nous coincer dans une boucle aveugle de négativité. Il ne suffit pas de défier les problèmes de la vie sans chercher des solutions possibles. Le temps fait souvent bien les choses, à sa manière, en fonction de vos actions.

C'est souvent ce que je reproche à tous ceux qui crient au scandale, pour un oui ou pour un non. À tous ceux qui partent en guerre contre ce qui les dérange en pensant que leurs grandes théories sauveront le monde de demain. Ceux qui ont toujours la critique à la bouche sur des sujets sur lesquelles ils n'ont aucun contrôle. Quelles solutions proposent-ils ? Comment préparent-ils, à part en râlant, le fait qu'ils n'auront d'autres choix que de s'y confronter fatalement ? Quelles mesures prendront-ils pour résoudre ou détourner ces problèmes ? Pour la plupart, ils n'en feront rien, autrement qu'en tentant de se faire entendre, souvent auprès de personnes qui ne sont même pas impliquées dans le sujet. Ils déversent leur colère ou donnent de l'importance à leurs problèmes insignifiants, là où personne ne prend peine de les écouter, ruminant leurs désaccords sans pour autant s'impliquer.

*"La colère est contre-productive, mieux vaut toujours rester calme et objectif."*

Dans ces circonstances, agissez plutôt comme ces personnes qui ont une bonne attitude et abordent chaque scénario avec l'état d'esprit que, quoi qu'il arrive, ils feront le nécessaire quoi qu'il en soit. Prenez le temps d'analyser l'obstacle, sa source, ses circonstances et utilisez des mots comme "je peux le faire", "je vais le faire", et "je trouverai une solution qui fonctionne", et assurez-vous qu'il y ait une solution à chaque problème. Écoutez plutôt ces personnes qui font des remarques constructives et prennent le temps d'amener des axes de réflexions pertinents.

Ces personnes parlent en expliquant la situation, cherchent des plans d'actions et proposent des solutions aux problèmes. Elles abordent toujours les défis avec une attitude positive. Elles répondent aux événements les plus menaçants ou apparemment impossibles en disant : "J'y arriverais" ou "je trouverai la solution". Cette mentalité est l'une des seules façons de continuer à prendre de grandes mesures face à la contrainte et à l'adversité ; à ne pas se confronter à un mur, mais à construire un pont pour résoudre l'équation.

Si vous n'êtes pas disposé à aborder chaque problème avec l'état d'esprit optimiste de quelqu'un qui croit que tout est possible, vous ne pourrez vous considérer comme conditionné à toutes épreuves.

Vous vous devez de croire et communiquer aux autres qu'il y a une solution, même si vous devez improviser pour le prouver ou travailler un peu plus pour en trouver une. Assurez-vous que votre façon de parler, vos pensées, vos actions et vos réactions reflètent cette bonne attitude et sont visibles et entendus par les autres autour de vous. Aider vos collègues et votre entourage à développer cette mentalité au quotidien et pour le bien de votre communauté. Vous pouvez même accepter une demande qui semble inaccessible dans l'état actuel des choses et trouver un moyen de répondre en affirmant que c'est faisable malgré tout. Cela vous demandera certainement d'en apprendre un peu plus que ce que vous n'en savez réellement, mais n'est-il pas bon de pousser son esprit à de nouvelles réflexions ?

Développez cette attitude optimiste et faites-en la seule réponse acceptable pour tous : "pas de problème, c'est possible, allons-y, je prends les devants !"

Restez donc positif, calme, patient mais surtout fidèle à vous-même à tout moment, en croyant toujours en ce que vous faites ou avez fait dans le passé, peu importe la grandeur et l'importance de vos actions. Vous constaterez que la chose étonnante à propos de l'optimisme est que tout peut devenir possible et se réaliser lorsque nous utilisons la positivité. Mettez de côté ces sentiments négatifs qui peuvent rapidement vous plomber l'esprit.

Je pense en fait que rester positif et toujours optimiste est une forme de "lâcher prise" partielle, une manière de canaliser et de garder la main sur chaque problème ou événement pénible que l'on pourrait rencontrer. C'est aussi une façon de rationaliser chaque situation qui pourrait nous paraître une montagne, de transformer nos angoisses et nos peurs en force, et d'obliger notre inconscient à trouver une solution, et donc évoluer dans le bon sens. Loin de moi l'idée d'assimiler le lâcher prise comme une forme de procrastination, mais bien d'avoir l'opportunité d'aller de l'avant et de laisser faire le temps.

Tout dans ce monde ne va pas à la même vitesse, non sans me déplaire, mais force est de constater que créer des liens de continuation dans notre histoire doit aussi passer par la connexion et le temps nécessaire à attribuer à nos interlocuteurs pour que le chemin vers notre vision se dresse. Si nous avons besoin de temps pour conceptualiser un objectif, le fait de le partager à quelqu'un d'autre lui demandera fatalement d'en faire autant. Cette latence, qui nous semble parfois douloureuse, n'est en fait que le processus logique qui se construit pour nous. Comme on dit : "Rome ne s'est pas fait en un jour", c'est donc bien qu'à échelle humaine, rien ne peut se faire en un claquement de doigts. Même votre moteur de recherche vous le fait comprendre lors de vos questionnements en vous faisant patienter pendant son temps de chargement, et pourtant, nous sommes tous en mesure d'attendre pour obtenir précisément ce que l'on demande.

Il sera donc important de développer d'abord le contrôle sur notre être et notre propre vie, de nous constituer une carapace suffisamment solide pour faire rebondir chaque désagrément et frustration passagère, et finalement de comprendre et se rendre à l'évidence qu'il nous sera impossible, malgré toute la volonté du monde, de tout obtenir de suite. Même s'il pourra parfois être difficile de laisser entrer dans nos vies quelques revers ou des luttes personnelles qui nous amènent à changer de mentalité, ce sont de loin les leçons que j'aurais voulu connaître à mes débuts et qui j'espère pourront vous être utiles.

En toute humilité, je ne dis pas avoir raison, mais je ne pense pas avoir tort non-plus, en vue de l'attitude que j'ai pu avoir à mes débuts, en tant que jeune entrepreneur fougueux et assoiffé de réussite. Cette profonde conviction de vouloir constamment gravir les échelons, d'asseoir une notoriété de BULLDOZER et parfois même d'OVNI, comme on a pu me décrire dans certains domaines de ma vie, m'ont tout de même valu quelques déboires dont j'aurais préféré me passer. Les critiques, les étiquettes et les jugements que l'on m'a collés n'ont jamais fait que m'effleurer, mais l'incompréhension de qui et de ce que j'étais au travers du regard des gens, me permettent toujours à ce jour de prendre du recul sur moi-même pour faire le point et ne pas me désorienter de mon but et de mes objectifs. Ne prenant en compte que les choses dites avec intelligence, je me suis tout de même rendu compte que la psychologie humaine était captivante.

Je reviendrai dessus plus tard, mais apprenez à devenir caméléon dans votre vie de tous les jours, rencontrez des gens de toute classe sociale et de tous les horizons qui souhaitent réussir. Entourez-vous de gens qui voient toujours leur verre à moitié plein quels qu'ils soient, quoi qu'ils fassent et d'où ils partent. Vous en apprendrez toujours plus sur ce monde si particulier et intransigeant qui nous entoure. Il est fort probable qu'en vous ouvrant à ce genre de personnes, votre état d'esprit puisse continuer à se nourrir d'éléments que vous ne soupçonneriez pas vous être utiles pour faire évoluer vos affaires et votre vie. Au-delà du réseau, chaque attitude, chaque démarche, chaque action et chaque vision vous permettront de créer et de constituer votre bagage vers un avenir plus solide et plus sûr. Forgez-vous un bouclier prêt à vous confronter à toutes les épreuves et patientez en attendant que le temps redevienne pour vous plus clément. Canaliser votre énergie et vos émotions, tout vient à point à qui sait attendre…

*"La patience est amère, mais son fruit est doux", dit le proverbe français. En ce qui me concerne, l'amertume a été un sentiment récurrent ces deux dernières années, et paradoxalement, elle m'a conduit à devenir plus optimiste et patiente qu'avant. Si j'ai rencontré de nombreux défis à relever, le plus grand a été de devoir accepter que je ne peux pas maîtriser les personnes et les événements. Depuis vingt-quatre mois, ma vie est très centrée sur le fait d'attendre, de négocier, et de ressentir des grands soulagements comme des immenses frustrations. Si l'immobilier présente de nombreux avantages et peut être synonyme de liberté pour beaucoup, elle rend paradoxalement prisonnier et dépendant dans certaines situations. Ma charge mentale n'a jamais été aussi intense qu'aujourd'hui, à l'image de mes responsabilités. Ce serait mentir de dire que je n'ai pas pleuré, crié, ou ressenti parfois un vrai désespoir, mais j'ai fini par me rendre à l'évidence : me rendre malade n'allait rien résoudre ni faire avancer les choses.*

*J'ai donc opté pour une méthode très simple : j'ai pris un stylo et du papier, puis j'ai commencé à écrire ce qui me rendait heureuse et malheureuse dans ma vie, détailler les grandes missions qui me restent à accomplir avant de changer de vie sous forme de rétro planning. Cela m'a grandement soulagé, car je me suis rendue compte que les angoisses que j'avais, dépeignaient une réalité bien plus noire que ce qu'elle n'est.*

*En parallèle, je me suis posée les axes de réflexion suivants : étant donné que je ne peux pas sortir de cette situation de manière immédiate, comment faire pour me projeter et mettre des leviers d'action en place pour préparer la suite ? Si j'ai dû songer à environ 100 scénarios, j'ai opté pour le plus simple : prendre du recul, faire une rétrospective des victoires et des erreurs dont je suis à l'origine, en tirer des conclusions et appliquer cela pour l'après. Petit à petit, je me libère mentalement, l'optimisme l'emporte sur la négativité et j'arrive à trouver des avantages à la patience.*

*J'ai totalement conscience que ces méthodes relèvent de l'évidence. Beaucoup d'entre nous, moi la première il y a encore un an, se le diront en lisant ces lignes. Si mon ambition, mon impatience et le fait de voir les choses en grand me portent depuis des années ont été vecteur de plusieurs victoires, cela a aussi provoqué l'une de mes plus grandes erreurs stratégiques à ce jour. Tel Icare qui s'est brûlé les ailes en volant trop près du Soleil, l'atterrissage a été brutal. Si cela ne s'est pas fait en une nuit, j'ai puisé une force inattendue dans la culture de la patience et de l'optimisme sain (et non à tout prix), que ce soit par les méthodes citées ci-dessus ou par un nouveau mindset. Dans un monde où le "tout de suite" règne, n'ayez pas peur d'attendre, votre santé mentale et votre stratégie vous remercieront.*

*Christelle Cozzi Voloir*
*Investisseur Immobilier - Loueur Meublé Professionnel -*
*Membre et Présidente de Conseils Syndicaux et*
*SDC coopératif.*

# CHAPITRE 18

## ADIEU LE SPRINT

Ce n'est pas en voulant à tout prix gagner la course que la vitesse doit être un parti-pris face à la robustesse du moteur que vous choisirez. Les bons outils, des choix réfléchis, une organisation bien construite et des étapes clé vous permettant de verrouiller votre avancée, pourront très certainement vous aider à dévisser la soupape du stress que vous pensiez devoir rendre étanche pour garder la tête hors de l'eau et obtenir réussite et consécration.

À chaque changement important de carrière ou à chaque nouveauté venant agrémenter ma vie professionnelle, j'ai souvent fait l'erreur de foncer, tel un BULLDOZER mal huilé, sans apprivoiser les conséquences que cela pouvait engendrer, au-delà de ma vision restreinte pour le but final que je voulais atteindre. Je ne prenais que rarement le temps de viser juste.

C'est souvent en sortant de ma bulle, à des moments de pause, voulant prendre du recul tel un peintre cherchant à lever le nez pour contempler l'ensemble de son œuvre, que le choc entre ce que je faisais et ce que je constatais autour de moi me bouleversait. Je me rendais compte de la totale contradiction entre ce que je voulais et la manière dont j'agissais ; entre ce qui en sortait et le résultat que j'escomptais. La boule au ventre, ce sont des milliers de "pourquoi ça n'avait pas fonctionné" qui venaient me piétiner. Mais j'y retournais, avec ma dose de stress et prenant mes responsabilités, en restant toujours déterminé à trouver la solution afin de régulariser la situation. En acceptant les mauvaises décisions pour ne laisser place qu'aux bonnes, restant optimiste avec moi-même et pessimiste envers le reste. Je me faisais confiance et recommençais.

J'ai alors appris, bien que je pensais "savoir", que la vie n'étais pas une course, mais bien un marathon. Lors d'une course, nous jouons la montre, que la technique soit bonne ou mauvaise, afin d'à tout prix passer la ligne d'arrivée, pensant nécessaire de devoir aller vite.

Lors d'un marathon, c'est notre résistance, notre persévérance, notre façon d'entretenir et de graisser notre mécanique qui nous permet d'arriver à bon port sans encombre. L'avantage du marathon, c'est de se donner le temps de contempler le paysage, d'apprécier le processus, d'affiner notre façon de faire, de voir venir les événements, de prendre le temps de construire quelque chose de solide et durable dans le temps en se posant les bonnes questions. Quand on cours un marathon, on sait que chaque "checkpoint" que l'on franchit est une validation pour courir vers le prochain - pas besoin de revenir en arrière, on sait que c'est validé.

À contrario, lors d'un sprint, le risque est de se blesser, de tout casser, de tout voir s'effondrer, de ne jamais passer la ligne d'arrivée et de devoir absolument tout recommencer ; que ce soit physiquement en termes d'énergie pour tout reconstruire ou psychologiquement pour retrouver l'âme du combattant et revenir dans l'arène.

Mais la vie et le fait de vouloir réussir, c'est aussi plein de sprints au sein d'un marathon. Vous avez parfois du mal à voir la ligne d'arrivée, mais l'important est de toujours savoir où elle se trouve, c'est votre objectif. Ce sont plein de moments brefs et toniques qui vous font tenir la cadence et maintiennent votre volonté sur la durée.

Pour remporter cette course, vous vous apercevrez finalement que derrière cette ligne que vous convoitez, se trouve une nouvelle ligne de départ, souvent faite pour ceux qui ont vraiment de l'ambition et qui veulent aller toujours plus loin. On ne parle pas ici d'argent, ni de célébrité, mais bien de réussite personnelle. Vous pouvez d'ailleurs très bien réussir en tant qu'instituteur comme en tant qu'entrepreneur, en tant que plombier, qu'athlète ou coach, peu importe. Ce qui compte, c'est qu'à chaque fois que vous courez vers cette ligne d'arrivée, une autre ligne se présente à vous, vous laissant toujours le choix de continuer à évoluer.

C'est pour ça que, quoi que l'on en pense, quoi que l'on ressente, ça ne s'arrête jamais. C'est un marathon qui continue, encore et encore.

La question est : êtes-vous mentalement prêt à courir tous les jours sans avoir peur de l'épuisement ? Êtes-vous mentalement prêt à courir et avancer tous les jours vers ce qui compte réellement pour vous sans vous miner l'existence ou perdre patience ? Pour combien de temps et avec quelle motivation, sans perdre foi en vous, allez-vous accepter ces conditions et ce qu'elles comportent ?

Si vous pensez que ce n'est pas fait pour vous, sachez que quelqu'un d'autre est en train de courir quelque part pour vous rattraper sans l'angoisse de trébucher. Le marathon à sonner le top départ, c'est maintenant à vous de tout donner.

C'est lors de cette prise de conscience que nous nous apercevons que tout est relatif à nos croyances. Rien n'est donc insurmontable puisque d'autres en sont capables. C'est en relativisant sur la réelle gravité des conséquences que cela pourrait engendrer que l'on peut donc outre-passer nos problèmes existentiels et nos sentiments. Le tout étant de ne pas se perdre en chemin et de ne pas paniquer, de ne jamais penser au manque, ni de stresser pour quelque chose qui risque de ne pas arriver. Si telle est votre façon de fonctionner, il y a donc de grandes chances pour que vous attiriez cette situation comme vous l'imaginiez. Rappelez-vous que nous sommes ce que nous pensons.

Si vous pensez au manque, vous manquerez. Si vous pensez à la peur, vous aurez très certainement peur. Si vous imaginez le pire, fatalement, il ne sera pas très loin. C'est en pensant de la sorte que vous commencerez à ressentir les effets négatifs dans votre esprit, mais aussi, dans votre corps. Toutes ces sensations négatives ne sont liées qu'à vous et à vos croyances. Si vous désirez vous sentir mieux et plus stable émotionnellement, il ne tient qu'à vous de vous poser et de décortiquer la source de vos problèmes. Ne paniquez pas, ne vous rongez pas, et ne vous mettez la pression que pour de bonnes intentions en guise de challenge bien cadré. Encore une fois, ce sont vos pensées qui vous sauveront. Voyez donc le verre à moitié plein et transformez votre peur en énergie positive !

Il est important de se dire parfois que tout ce que nous avons osé faire, mis en place et accompli n'a pas été fait en vain, ni prêt à disparaître. C'est fait, c'est là et ça le restera, qu'elles qu'en soient les conséquences et ce que cela implique. Tout n'aura pas une utilité parfaite et pérenne, mais félicitez-vous, vous avez probablement mis les bouchées doubles et fait ce qu'il fallait à ce moment-là parce que vous y avez cru. Vous vous êtes bougés pour quelque chose à laquelle vous pensiez ou même rêviez. Ce n'est pas peine perdue si cela a pour l'instant échoué ou que cela n'est pas encore terminé, ce n'est que partie remise à mettre en place pour reprendre le fil conducteur qui vous guidera vers vos objectifs. Rendez-vous compte que vous avez dompté l'inconnu, que non sans mal votre persévérance a fait face au stress et à l'anxiété et que ce que vous avez réalisé vient de vous. Rappelez-vous de l'histoire de Thomas Edison et de ses milliers d'essais avant de faire de l'ampoule électrique un outil de consommation courante.

Maintenant, pour votre santé, apprenez à parfois lâcher prise (sans mauvais jeu de mots). Prenez ce temps pour faire le point, vous rendre encore une fois compte du chemin parcouru et vous changer les idées pour mieux se recharger et repartir plus fort. Continuez d'apprendre sur vos lacunes afin de perfectionner votre technique sur ce marathon vers la réussite. Gardez le cap, mais ne vous faites pas prendre en étau par la charge colossale de travail qu'il vous reste à accomplir. Sachez que tant que vous souhaiterez évoluer, ce seront toujours une infinité de tonnes d'informations que vous devrez ingurgiter.

Gardez cette motivation qui brûle en vous. Chaque étape de franchie vous rapproche de votre objectif. Phrase facile, mais vous n'avez jamais été aussi près du but !

Lorsque l'on comprend, que l'on conçoit, mais surtout que l'on applique cela, c'est d'une boule au ventre dont on se sépare. Notre esprit s'apaise, nous retrouvons paix et sérénité. Notre confiance se forge une carapace, nous retrouvons la lucidité et la force de consciencieusement avancer. Contrairement à avant où nous pouvions penser qu'il fallait y aller sans s'arrêter, nous trouvons le bouton des phares qui permettent de nous éclairer sur cette autoroute que l'on s'est tracée. La possibilité de percer la pénombre sans anxiété. L'importance de notre essentiel et de nos priorités se re-trouvent sous le feu des projecteurs, et la peur du noir disparaît. Toutes ces mauvaises vibrations s'en voient quasiment annihilées, car nous nous apercevons que celles-ci finissent par être illuminées par nos brillantes actions et idées.

Nous pouvons être comme le lièvre, tout feu tout flamme, intrépide et prêt à partir sans perdre de temps, mais il est essentiel de nous rappeler de la sagesse de la tortue, équipée de tout le juste nécessaire pour n'avoir besoin de s'inquiéter du chemin jusqu'au point d'arrivée.

Certains diront que c'est le résultat qui compte, mais si c'est pour être inquiet et stressé tout du long, pour s'en faire des cheveux blancs, pour moi, cela n'a aucun intérêt. D'expérience, pour quelqu'un qui veut devenir libre, pas la peine d'agir massivement si c'est pour se faire du mouron ou s'en rendre malade, perdre l'appétit d'une vie bien remplie, la passion par crainte de tomber et le stress de ne pas pouvoir tout gérer.

Vouloir vivre de sa passion, tout faire pour réussir et vivre décemment, ok, mais si c'est pour au final en faire un véritable calvaire jusqu'à en détruire toute humanité voire même sa santé, non merci. Quand les émotions vous tétanisent, apprenez à dire "stop" pour faire le point, changez d'air en changeant d'environnement, prenez un temps pour vous décharger de votre mal-être en trouvant ce qui pourrait vous faire du bien et vous faire penser à tout autre chose. Il est parfois temps de couper les gaz, vous n'en reviendrez que plus fort. Mais si vous coupez, faites-le franchement et par réelle nécessité, et non pas pour en profiter pour procrastiner…

Je ne suis pas exactement d'accord avec la morale de cette histoire que "rien ne sert de courir, il faut partir à point", je dirais plutôt qu'il faut "courir avec stratégie et détermination pour arriver plus fort, mais plus serein".

# CHAPITRE 19

## LE POUVOIR DU SUBCONSCIENT

Ok, si je souhaite emprunter le chemin vers le succès, je dois :
- Passer massivement à l'action.
- M'engager à le faire en étant courageux et obstiné.
- Être persévérant sans être bloqué par les risques.
- Mettre mon plein potentiel au service d'autrui.
- Ne pas me préoccuper de l'adversité.
- M'organiser en fonction de mon schéma de pensée.

C'est bien ça ? Ok, mais comment puis-je sereinement me préparer à tout cela ? Comment puis-je m'engager sur cette voie qui me demandera une énergie de dingue sans avoir la sensation d'entrer sur un champ de mines qui pourrait me faire sauter à tout instant ? Comment puis-je me conditionner psychologiquement et être capable de sauter dans ce train en marche ? Comment le plan de ce désir de vouloir faire de ma vie une réussite peut être constitué au préalable ? Quels sont les outils et les techniques qui m'entraîneront pour entrer dans l'arène ?

Plein de grandes questions peuvent nous traverser l'esprit et nous donner des sueurs froides malgré la meilleure volonté du monde. Je ne dis pas avoir la réponse absolue, mais la solution qui m'a grandement aidé à faire évoluer mon état d'esprit. Je pourrais dire mon "mindset" d'entrepreneur, mais je pense vraiment que cela peut s'appliquer dans la vie de tous les jours. Et ma réponse a été simple :

*"La meilleure façon d'y parvenir consiste à s'imaginer avoir déjà tout réussi."*

Votre subconscient est, en effet, incapable de faire la distinction entre ce que vous faites actuellement et ce que vous visualisez pour votre avenir. Lorsque vous réussirez à le convaincre, en visualisant au plus profond de votre être que vous avez déjà réussi votre vie et que vous le vivez déjà merveilleusement bien, celui-ci cherchera instinctivement et automatiquement tous les moyens de matérialiser vos sensations imaginaires de réussite dans la réalité. Pour cela, vous devez vous efforcer de changer votre sensibilité face aux influences négatives extérieures et de faire beaucoup plus confiance à votre instinct et aux réels sentiments qui brûlent en vous. Décidez dès maintenant de ne tenir compte que de votre propre opinion, tout en gardant une oreille bien tendue et une vision claire des signes que l'on vous envoie.

Prenez conscience que nous sommes immergés dans un océan d'énergie de pensées et que celui-ci est constitué de vagues de connaissances qui ont depuis toujours existé et qui subsisteront pour l'éternité. Nous sommes entourés d'abondance malgré le fait que nous n'y prêtions que rarement attention à cause de nos tendances égocentriques naturelles à se focaliser sur ce que nous avons.

Comme je vous l'ai déjà dit, la nature n'aime pas le "vide", mais la nature ne connaît pas non plus "l'échec". Regardez comme elle est bien faite lorsque vous la voyez reprendre ses droits. Il n'y a que l'homme pour lui imposer des contraintes et la faire dévier. La nature, elle, fait toujours en sorte de réussir à se développer. Impossible pour elle de se restreindre, et inimaginable qu'elle s'arrête d'évoluer. La nature n'échoue jamais quand nous la laissons faire. C'est pourquoi, il est peut-être plus difficile d'échouer que de réussir. À quoi bon user de notre énergie pour partir dans le mauvais sens lorsque l'on constate que la vie n'est faite que d'avancées et de progression ?

Ouvrez votre esprit à cette abondance de pensées positives, elles vous permettront de créer et de développer cet état de conscience qui vous permettra de visualiser cet avenir radieux et encourageant. La conscience se développe et s'est toujours développée à travers la pensée. Penser est donc une faculté extraordinaire et une des fonctions les plus élevées que l'être humain soit capable d'effectuer.

Il est donc primordial que vous puissiez commencer à changer votre façon de penser afin de vous remplir de cette énergie créatrice qui reconditionnera tout votre être pour vous emmener vers le chemin de votre désir. Votre corps réagit aux pulsions de votre pensée, alors guidez-le de manière à l'accompagner vers des réactions en osmose avec les résultats que vous voulez.

Vos pensées mènent aux sentiments, lesquels mènent à l'action et l'action aux résultats. Toute idée, projet ou objectif peut graver votre subconscient s'il est répété avec foi et détermination. Et je peux vous assurer que vous disposez déjà de toute la boîte à outils intellectuelle nécessaire pour attirer vers vous les pensées nécessaires au succès auquel vous aspirez. En donnant une certaine clarté aux confins de votre subconscient, vous pourrez constater que celui-ci est sans limite lorsqu'il s'agit d'imaginer l'idéal absolu. Aucune barrière n'existe lorsque nous laissons de la place dans notre esprit, tant que nous y prêtons suffisamment attention.

Vous pouvez dès à présent commencer à jouer avec votre esprit en lui inculquant le fait que vous avez déjà réussi, que vous êtes en possession de tout ce dont vous avez besoin pour vivre pleinement votre vie. C'est un jeu qui pourrait paraître farfelu de prime abord, mais comme vous l'avez peut-être déjà lu : *"Votre monde intérieur crée votre monde extérieur"*. Nous sommes tous le fruit de nos pensées et des choix que nous avons décidé de prendre dans notre vie. Cette loi est absolue ! Si vous voulez que quelque chose se réalise matériellement, vous devez avant en prendre possession mentalement. C'est la règle.

Il existe foncièrement des choses que vous ne pourrez voir de vos yeux, mais gardez en tête que toute votre vie, vous devrez aller chercher en vous pour découvrir les mystères qui s'y cachent afin de vous développer personnellement dans le sens qui vous sera le plus à même de vous servir.

Il y a toujours une part de spirituel qui se cache en chacun de nous. Sans parler de religion ou autres courants de pensée occultes ou ésotériques, mais bien quelque chose qui réside en nous et nous offre ce potentiel de réflexion et d'instinct qui nous pousse à prendre des décisions - nous faisant ressentir les choses, qu'elles soient bonnes ou mauvaises. L'homme est au-delà d'une machine bien construite, c'est un ensemble composé de plusieurs parties bien distinctes, ne fonctionnant parfaitement que dans son ensemble, créant cette unicité aux multiples capacités. Dans ce corps, se cache une intelligence, qui elle-même provient de ce côté spirituel qui nous permet au demeurant de parfaire notre vie comme nous éviter le pire. C'est pourquoi je vous invite à tirer parti de cette faculté d'imagination débordante dans laquelle nous puisons pour évoluer afin de faire travailler votre subconscient à l'acceptation des images que vous lui montrerez.

Il est évident que tout ceci n'est qu'une manière parmi tant d'autres de vous guider, mais que pour autant, le fait d'uniquement penser ne suffira pas à faire exister quoi que ce soit. Ce raisonnement n'est qu'un axe de réflexion, à vous d'en faire ou non votre vérité. J'accueille et prône que rien ne se fait sans avoir les pieds sur terre et en agissant dans la réalité de notre monde palpable. C'est tout de même un cheminement que je souhaitais vous partager étant, comme je vous le disais, un artiste dans l'âme et un être en perpétuelle réflexion.

Tout ce que nous faisons ou nous réalisons a immanquablement été précédé de l'image d'une pensée. Sinon rien de ce que nous connaissons n'existerait dans notre présent. Chaque nouveauté que connaît ce monde provient de la pensée créatrice de son inventeur, et cela est valable depuis la nuit des temps. Je le dis et le pense vraiment, si vous êtes en mesure de le concevoir dans votre tête, vous êtes très certainement apte à le faire. En créant ces images mentales dans votre esprit, vous êtes finalement en train de le préparer à le concevoir dans la réalité, si tel est le cas, faites-en de même avec tout ce que vous désirez comme si vous l'aviez déjà conquis. Élevez votre niveau d'intégrité afin de vous focaliser sur ce qui est bon pour vous et laissez les problèmes de côté tant qu'il n'y a pas de raison de vous y impliquer.

Mais attention, le subconscient ne comprend pas la négation, et ce, pour une raison simple : il ne fait que traiter les informations qu'il reçoit, sans les analyser ou les interpréter. Cela signifie que lorsque nous utilisons la négation dans nos pensées ou dans nos affirmations, notre subconscient peut interpréter celles-ci de manière erronée. Par exemple, si nous disons "je ne suis pas stupide", notre subconscient peut interpréter cette phrase comme si nous disions "je suis stupide", ce qui peut avoir un impact négatif sur notre estime de nous-mêmes et notre confiance en nos capacités.

Si votre subconscient ne comprend donc pas la négation, alors soyez positif avec lui et profitez-en ! Présentez-lui du bonheur, il vous le rendra !

Je ne pourrais vous en dire plus à ce sujet, car cette étape ne pourra qu'être le fruit de votre travail intérieur. À présent, seule la patience envers les graines que vous aurez plantées pourra vous faire récolter l'abondance qui vous aurez fait pousser. Cette réussite que je vous souhaite voir se matérialiser, ne pourra devenir réalité qu'à partir du moment où votre esprit subconscient l'aura clairement admis et implémenté. Cependant, assurez-vous de ne jamais vous insuffler quelques idées en contrariété avec celles sur lesquelles vous travailler - cela viendrait tout bonnement ruiner vos efforts et créer le chaos dans vos pensées.

*"Tout va pour le mieux quand on reste sur le chemin de notre vérité."*

Personne n'est né avec la peur du risque, alors concentrez-vous sur vos objectifs, sur ce que vous voulez et uniquement sur le chemin qu'il convient pour y arriver. De là, vos connaissances et votre instinct se chargeront du reste. Cette loi universelle prendra de l'ampleur uniquement si vous vous concentrez sur elle.

Si vous vous concentrez sur le fait de chercher des opportunités, ce sont ces images que vous percevrez. À contrario, si vous vous cantonnez à penser au manque, celui-ci laissera passer toutes les opportunités initialement demandées. Elles passeront sous vos yeux sans jamais que vous les voyez, car la seule pensée traduite par l'univers sera celle du manque.

Les personnes qui réussissent se concentrent seulement sur la vision des occasions en toute situation, ce qui multiplie à leur égard leur chance de réussir et de les obtenir. Le seul problème par la suite, quand ils y seront, sera de gérer toutes ces opportunités qu'ils auront créées. C'est en gardant cet état d'esprit que vous attirerez à vous tout ce que vous souhaitez.

*L'entrepreneuriat est une aventure extraordinaire car elle nous donne le sentiment d'accomplissement de soi. Comme si vous cochiez la case de vous sentir vivant dans l'accomplissement des tâches. Elle vous permet ainsi de se connaître parfaitement et de découvrir en nous des ressources insoupçonnées. Mais elle possède, comme toute chose, un revers qui est moins attrayant. Les angoisses, les peurs, les questionnements vont vous assaillir comme une cavalerie au galop. Est-ce que ce que je fais est bien ? Est-ce que j'ai pris la bonne décision ? Et si cela ne marchait pas ? Ces reflets de vos peurs amplifient vos journées de travail et épuisent vos ressources. La fatigue d'une journée de travail est plus forte et c'est comme si vous en aviez effectué deux. Le subconscient s'alourdit de toutes ces charges émotionnelles et vous ralentit dans votre réalisation. Il faut savoir mettre de côté ses peurs et avancer en confiance, sans négliger pour autant tout l'aspect d'une telle aventure. Le subconscient et sa faculté à anticiper ces problèmes, peut vous permettre de vous plonger plus conscient dans l'analyse des différents problèmes que vous pourriez rencontrer. Vous devez d'abord croire en vous, en vos capacités et reconnaître aussi vos lacunes. Croire que l'on sait tout est une erreur qui est bien souvent commise et qui mène à chaque fois à l'échec. Le subconscient est là pour vous aider à vous surpasser, et comme dans la nature tout est bien fait, pour vous aider à croire en vous, vous devez déjà vous-même croire en vos projets. Les peurs et l'angoisse sont aussi là pour vous aider à acquérir la prudence.*

*Un chef d'entreprise est celui qui doit gérer, gouverner, créer et faire tout en même temps, mais malgré tout cela l'entrepreneuriat apporte le plus beau des cadeaux, la liberté.*

Olivier Cholet
Magnétiseur
*www.lesjardinsdemarie.fr*

# CHAPITRE 20

## INVESTIR - EN SOI - ET POUR TOUS

J e refuse de payer ma vie à crédit, mais j'accepte volontiers de me créer de bonnes dettes et utiliser le mot "investir" plutôt que "dépenser", même si j'investis en moi et dépense beaucoup d'énergie pour m'accomplir.

L'investissement sous toutes ses formes est quelque chose que j'ai découvert tardivement. Je ne pensais pas que l'on pouvait se créer de la richesse en dépensant de l'argent. D'ailleurs ce mot "dépenser" est très mal choisi, mais c'est la sensation que l'on éprouve lorsque l'on place ses premiers deniers dans un système au long terme pour en récupérer des bénéfices dont on ne sait pas encore par quelle magie cela se produit et quand cela va arriver.

L'investissement a été comme un second BIG BANG pour moi. Jamais, au grand jamais, je n'en avais entendu parler par le passé. Autour de moi, on a toujours usé du mot "dépenser" pour obtenir ce que l'on souhaitait, qu'il fallait "économiser" pour pouvoir acheter. Que seulement à la sueur de son front, on pouvait "avoir", qu'il n'y avait qu'en "travaillant dur" que l'on pouvait s'enrichir. Mensonge ou ignorance ? À ce niveau-là, je pencherais clairement pour un manque d'éducation financière ; principalement du fait d'être né dans la classe moyenne ou ce genre de sujet n'est qu'une chose dont seuls les "riches" peuvent parler. Étant issu d'un milieu populaire, ce n'est absolument pas une connaissance acquise ni même un sujet de discussion auquel on pense. Ce n'était écrit nulle part autour de moi, et l'algorithme de Youtube n'a jamais pensé à me le suggérer…

Je réalisais donc qu'il y avait bien plus de possibilités que ça à ma portée. C'est donc à ce moment que j'ai commencé à suivre ce parcours d'éducation financière, et plus j'en apprenais, plus je réalisais qu'on m'avait menti ; que c'est un mensonge d'aller à l'école, d'obtenir un diplôme, de trouver un bon emploi et puis de gravir les échelons dans la société. Les gens riches ne font pas ça ; les gens riches ne travaillent pas pour gravir les échelons d'une entreprise, ils s'enrichissent en créant et en développant leur propre entreprise ; et je ne savais pas qu'on pouvait faire ça.

La plupart d'entre nous apprennent à obtenir un diplôme, donc avec ça, nous ne pouvons faire qu'une seule chose : devenir employé et espéré voir son salaire grandir au fil du temps ; mais si vous ne comptez que sur votre salaire, vous n'êtes qu'à un pas d'être fauché. Parce que si vous perdez votre emploi, qu'il vous arrive quelque chose, que vous ne pouvez plus travailler ou que votre entreprise fait faillite, vous perdez votre salaire et à ce moment-là, il sera trop tard.

À cette époque, je me disais juste : "C'est dingue, pourquoi je n'ai jamais appris ça à l'école ? Pourquoi ne m'a-t-on jamais appris ça au sujet de l'argent ? On ne m'a jamais appris à investir, on ne m'a jamais enseigné ce genre d'éducation financière ! Pourquoi ne l'apprend-on pas ?"

Mais c'est là que je réalisais qu'il est en fait très rentable pour le système de faire en sorte que les gens restent pauvres...

Les banques profitent de vous lorsque vous n'êtes pas instruit financièrement. Elles vous conseilleront d'économiser de l'argent à la banque et de vous maintenir dans la dette de consommation. Si les banques suivaient leurs propres conseils, à savoir, économiser de l'argent, les banques perdraient de l'argent.

Lorsque vous déposez 1000 euros à la banque, cet argent que vous avez déposé est un passif pour la banque. Un actif est quelque chose qui met de l'argent dans votre poche, un passif, c'est quelque chose qui enlève de l'argent de votre poche. Ainsi, lorsque la banque reçoit votre argent, c'est un passif pour elle, et elle voudra s'en débarrasser le plus vite possible. La façon dont elle le fait, c'est en prêtant cet argent, parce que c'est un investissement pour elle. Elle ne veut pas garder cet argent. Mais par contre, elle veut que vous économisiez celui-ci, elle veut que vous économisiez pour le laisser chez elle et s'en servir pour ses propres profits.

Qu'arrive-t-il à votre argent si vous le laissez à la banque ? Il perd de sa valeur à cause de l'inflation. Chaque jour où votre argent repose à la banque, vous vous appauvrissez, de jour en jour.

Le gouvernement veut que vous soyez inculte au sujet de l'argent, parce que lorsque vous êtes inculte au sujet de l'argent, devinez ce que vous êtes : un employé. Vous êtes un consommateur qui paye les impôts les plus élevés ; vous êtes un employé et un consommateur. Tout le monde sait que les riches ne payent pas d'impôts et ça, ça énerve les gens, mais souvent, ils ne savent même pas pourquoi. N'est-ce pas ?

Nous nous fâchons certainement contre les mauvaises choses pour les mauvaises raisons.

La plus belle anecdote que je pourrais vous partager à ce sujet, est lors de mes débuts, le jour où ma mère m'a appelé pour me conseiller ainsi et je m'en souviendrai toute ma vie : "Tu sais Rudy, maintenant que tu as une situation, un travail stable et des revenus qui te permettent de subvenir à tous tes besoins, il serait peut-être temps de penser à acheter ta propre maison ? Tu arrêterais de jeter l'argent par les fenêtres chaque mois pour un loyer et tu rembourserais pour quelque chose qui t'appartiendrait, qu'en penses-tu ?"

Effectivement, ne connaissant rien à ce genre de "grand" événement dans la vie d'un jeune homme, je n'avais jamais émis l'idée que cela pouvait être à présent souhaitable et concevable ! Me voilà donc à prendre rendez-vous avec mon banquier, puis… j'ai rappelé ma chère mère avec fierté : "Ça y est maman, je suis revenu de la banque, j'ai obtenu un prêt !.. Je peux acheter la Ford Mustang de mes rêves !"

J'ai senti dans sa voix un sentiment de désolation pour ce que je venais de faire, l'imaginant se claquer la main sur le front en signe d'exaspération.

Quelques mois passèrent et ma mère me réitéra sa suggestion. Approuvant le projet et n'en sachant guère plus sur le sujet, me voilà reparti voir mon banquier. "Maman, c'est bon, c'est fait ! La banque me suit, je vais enfin pouvoir ouvrir ma première boutique !"

Mon Dieu, malgré tout l'amour qu'elle peut me porter, je pense qu'au fond d'elle un sentiment de capitulation s'était instauré.

Je pense tout de même que par ma vision des choses, inconsciemment, je connaissais déjà mes priorités et là où je voulais aller - du moins, pour déjà comprendre que je pouvais dépenser de l'argent qui ne m'appartenait pas et qui pouvait m'en faire gagner.

N'ayant jamais été contraint ni forcé de mettre en œuvre ce que beaucoup appellent "le projet d'une vie", ce n'est qu'au bout de la troisième fois que j'ai fini par réellement sortir avec cette satanée enveloppe de prêt me permettant "d'acheter" cette maison…

Tout ça pour vous dire que lorsque l'on vient d'un milieu modeste, il est tout naturel de penser de la sorte. L'achat de bien matériel semble primordial, paraître riche en s'offrant des choses hors de nos moyens, juste pour le "kiff" demeure être un signe de réussite, et que s'endetter sur des dizaines d'années sans autres revenus que le fruit de notre travail et l'échange de notre temps contre de l'argent, fait de nous une personne "raisonnable". Voilà la vie classique, d'un mec banal, construit dans le moule d'une société qui nous pousse à vivre de la sorte.

## Les croyances limitantes

Normal me direz-vous ? Absolument pas. Pourquoi ? Parce que comme je vous le disais, tout ceci ne nous est pas enseigné à l'école. À mon époque, les secrets d'enrichissement étaient bien gardés et les réseaux sociaux ne nous ouvraient pas encore les portes d'un état d'esprit mieux formé.

Les gens ont grandement tendance à se tromper sur ce sujet, pensant qu'investir, c'est devoir dépenser. Ils ne font pas la différence entre les deux et sous-estiment, pour peu qu'ils soient à minima informés, le potentiel du retour qu'il est pourtant possible d'obtenir, de garder et de continuer à faire fructifier.

Investir, c'est simplement sortir de l'argent pour en gagner plus à l'avenir, le multiplier en utilisant des leviers, parfois même sans n'avoir quoi que ce soit à débourser. À contrario, une dépense ne fera que vous appauvrir pour obtenir un bien ou un service à consommer.

Autrement dit, mieux vaut se créer des "actifs" qui vous rapportent de l'argent en automatique, plutôt que d'acheter des "passifs" qui vont se déprécier avec le temps ou vous faire perdre de l'argent.

Beaucoup ont tendance à penser qu'il est préférable de rester sur ses gardes, de rester prudent lorsqu'il s'agit d'argent. Qu'il vaut mieux se restreindre vis-à-vis de ses dépenses, économiser et épargner (à l'heure où je finis d'écrire ce livre, le livret préféré des Français est passé à

2% de rendement par an… avec une inflation dépassant les 10%, Wouhou !). Malheureusement cette façon de faire et cette croyance populaire inculquée dans la tête du commun des mortels ne nous garantira jamais d'obtenir ce que nous voulons. Il ne nous garantit pas non plus de pouvoir l'assumer. Du coup, la tendance est de penser en termes de réduction des coûts et non de les augmenter pour capitaliser sur un avenir plus radieux. Cette réaction est tout à fait naturelle dans des périodes difficiles ou de crise comme maintenant, mais est pourtant une aubaine lorsque l'on choisit bien ce sur quoi l'on "mise".

Cela peut paraître risqué et difficile d'investir, et effectivement cela demande beaucoup de discipline à définir sérieusement. Investir sans que cela ne veuille dire "dépenser" est un changement très compliqué d'un point de vue psychologique, sauf lorsque l'on se rend compte et admet que cela peut changer une vie. Cette façon de penser propulse inévitablement vers l'avant.

Cette part "risquée" que l'on vous a mise en tête depuis des années ne vous aidera certainement pas à vous convaincre que cela puisse marcher. Si cela ne fonctionne pas, ce n'est pas systématiquement l'investissement en lui-même qui aura été une erreur, mais bien souvent vous et votre manque de connaissances sur le sujet.

Quasiment tout le monde est donc convaincu que le meilleur moyen de s'enrichir est d'épargner, et c'est ce qu'il fait. Permettez-moi d'en douter et croyez-moi quand je vous dis qu'en écumant uniquement Youtube (oui, je pense que cette plateforme est véritablement une mine d'or pour s'éduquer, une bénédiction dont je ne pense pas avoir fini de parler) vous seriez en mesure de grandement vous enrichir en y consacrant que très peu de temps quotidiennement. Éduquez-vous, informez-vous, et repoussez les limites de votre environnement ! À titre d'exemple, ayant souvent besoin de prendre la route, j'ai transformé ma voiture en véritable centre éducatif, mettant à profit ses longs moments pour me former en écoutant des podcasts ou des vidéos sur tout ça. Une manière encore une fois de mettre à profit chaque moment de la journée que l'on pense être "perdu". Ce centre de formation décentralisé a été un moyen unique de pallier à des années d'école.

Pour tout vous avouer, lorsque j'ai découvert et appris comment je pouvais intelligemment placer de l'argent qui dort tout en gardant une certaine sécurité, et ce malgré mes maigres moyens, ce fut une énième révolution pour moi. Qu'avec de fermes intentions et des recherches approfondies, vous avez clairement plus de chances de gagner le pactole qu'au loto. J'ai donc juste envie de vous demander : "à qui le tour ?!"

D'ailleurs, beaucoup de gens ont été surpris d'apprendre qu'une part de moi était prête à prendre ces risques. Nombreux m'ont traité de fou. Lorsqu'ils m'ont demandé pourquoi j'entreprenais le fait de vouloir "claquer" de l'argent sans avoir la certitude d'en revoir un jour la couleur, je leur ai répondu : "Je veux risquer de devenir libre, libre financièrement, libre de pouvoir penser uniquement au développement de ce qui me fait vibrer, et ne plus me tracasser du nécessaire pour vivre". Mon énergie, ma motivation, mes idées, ma joie de vivre et tous les efforts dans lesquels je m'investis valent mille fois l'argent que certains pays sont capables d'imprimer en appuyant simplement sur la touche Entrer.

Ne dépendez jamais d'une seule source de revenus ou d'un simple salaire pour survivre. Ce n'est pas l'État qui vous remerciera grassement de tout ce que vous aurez accompli, ni votre patron qui vous remettra la médaille du salarié le plus indispensable de l'année. Si on vous coupe les vivres du jour au lendemain, ce sera la catastrophe assurée !

## Se former

Je pense qu'il est important aujourd'hui de se former à l'investissement, de savoir où l'on place son argent, de ne pas faire de bêtises. Nous vivons dans un monde de plus en plus volatil, dans un monde de plus en plus incertain, et aujourd'hui apprendre à investir son argent, être capable de l'investir, devrait faire partie de nos connaissances de base quand on entre dans la vie active. L'investissement est accessible à tous, même aux plus modestes d'entre nous. Pas besoin de milliers d'euros, juste un petit capital à bien placer. Nombreuses sont les possibilités, toutes à notre portée. Le plus important dans cette histoire, c'est d'éviter de perdre de l'argent en voulant tenter de le faire fructifier. De ne pas laisser la monnaie se dévaloriser au fil des années sur un compte qui dort, mais bien de faire en sorte qu'elle travaille pour vous, pour votre liberté, sans avoir à compter sur qui que ce soit ou dépendre d'un système qui ne souhaite que nous cadenasser.

Gardez la mainmise sur votre pécule durement gagné et mettez-en une partie de côté, pour vous, pour votre famille et la santé de tous. Apprenez à économiser, non pas par avarice, mais pour commencer à repenser votre manière d'épargner. Apprenez à contrôler vos dépenses, non pas celle de première nécessité, mais pour que chaque devise échangée serve à maximiser son utilité. Continuez à travailler en fonction de vos besoins et voyez votre portefeuille s'accroître en mettant ce qu'il faut de côté. Pensez à commencer à investir et tâchez de sécuriser votre capital. Étudiez soigneusement la situation avant de vous séparer de votre pécule et assurez-vous qu'il puisse être mis à votre disposition en toute sécurité sans qu'un tiers n'ait besoin de vous l'accorder.

Ne soyez pas induit en erreur, je ne parle pas de faire fortune rapidement, mais bien de faire fructifier votre argent intelligemment. Prenez bien attention à faire vos recherches avant de vous lancer, bon nombre de personnes que vous croiserez auront tendance à s'improviser conseiller en investissement et vous orienteront vers le "coup du siècle". J'en ai personnellement fait les frais à plusieurs reprises, ne me renseignant pas assez sur la pérennité de certains projets.

Le meilleur des influenceurs restera toujours votre personne, qu'importe ce que le marché pourra chercher à faire pour vous orienter et tirer parti de votre naïveté. Les seules erreurs potentiellement admissibles doivent ici ne venir que de vous et de personne d'autre. Vous pouvez demander l'avis de personnes ayant réussi, mais sachez que vous êtes et serez, en tant que personne libre, le seul et unique responsable de vos choix et de vos actions, pour le meilleur et pour le pire…comme on dit.

N'hésitez pas non plus à aller demander à votre banque d'obtenir l'autorisation de dépenser cet argent qui ne vous appartient pas, comme je m'amuse à le dire, cela vous évitera de vider l'entièreté de votre bourse et toutes vos liquidités si un besoin urgent est nécessaire à l'avenir. Cela permettra par la même occasion d'étaler sereinement vos remboursements et dans certains cas, vous laissera le temps de créer de la richesse supplémentaire, comme dans le cas de l'immobilier, où ce sont vos locataires qui remboursent avec un excédent vos mensualités sur l'argent prêté.

Ce jeu de l'argent est vraiment important pour prévoir son avenir, ses vieux jours si je puis dire. Le milieu de l'investissement est un univers passionnant, on y découvre des façons incroyables de multiplier le fruit de notre labeur. Le plus extraordinaire est de s'apercevoir que l'on peut en gagner même en dormant ! Le plus satisfaisant étant de pouvoir y trouver une certaine sérénité, de se dire que l'argent travaille pour nous à son tour, sans avoir à échanger notre temps contre lui. Une légèreté d'esprit s'installe au sein de cette société de consommation, de taxes et d'obligations. Cette possibilité de se créer plusieurs sources de revenus convenables pour passer outre les problématiques du quotidien, souvent liées à cela, pour devenir plus serein et s'émanciper. L'argent ne fait peut-être pas tout, mais il libère tout de même de nombreux problèmes.

Cela dit, le seul désir de vouloir s'enrichir n'a aucune valeur. Fixez-vous un pourquoi et des objectifs qui feront l'objet de votre démarche d'investir. S'enrichir pour s'enrichir ne vous apportera rien de bien utile. Le plus important est à mon sens de savoir quelle est la raison valable à vos yeux. L'argent est effectivement une énergie de liberté, pouvant nous aider à démultiplier nos possibilités et pouvant nous affranchir de toute contrainte sociale et professionnelle - mais si nous n'avions pas besoin d'y penser, le seul investissement auquel il serait encore plus important de nous atteler et sur lequel nous devrions sérieusement et plus souvent nous pencher, serait d'investir en nous-mêmes.

### Investir sur soi

C'est pour cela qu'investir ne veut pas seulement dire se positionner sur quelque chose de tangible. Quand je parle couramment d'investissement, je ne parle pas seulement de business, d'immobilier, de bourse ou de cryptomonnaie. Quand je parle d'investissement, j'englobe aussi tout ce que cela change en termes d'état d'esprit - car pour moi, le plus grand, le plus fastidieux, mais le meilleur investissement que j'ai fait de toute ma vie, a été celui-ci : d'investir massivement en moi-même. Encore une fois croyez-moi ou non, le plus gros investissement que j'ai pu mettre au travail, a été celui de chercher à reformater définitivement ma façon de penser, de percevoir et d'appréhender le monde. Que ce soit en livres par kilos, en vidéos éducatives, en formations ou en séminaires, investir en soi est, je pense, et de loin, la meilleure et la plus sûre des manières de s'enrichir. Le jour où j'ai décidé d'investir sur moi, ma vie s'est totalement transformée.

Investir sur soi, c'est mettre ses pensées, son temps, son énergie, son argent et ses actions au service de ce qui est le plus important pour soi. D'arrêter de faire comme tout ceux qui nous entourent, en mode automatique, sans rien contrôler, juste en fantasmant sur la vie de ceux qui ont réussi à la télé.

Si vous décidez de faire de même, que vous décidez de passer à un autre niveau de raisonnement, que vous décidez maintenant de bouleverser votre paradigme de vie et de revoir vos croyances limitantes en reprenant les manettes de votre existence, alors l'image que vous vous faites de votre futur actuellement ne sera plus jamais celle dont vous auriez pu un jour vous douter. Vos croyances conscientes comme inconscientes disparaîtront pour vous dévoiler un nouvel univers d'opportunités sur le chemin de votre réussite et votre liberté. À votre tour, vous tirerez les ficelles d'un monde en ébullition et prendrez conscience que plus vous investirez en vous, plus vous attirerez les bonnes opportunités de réussir pleinement votre vie.

Vous remarquerez certainement que beaucoup de choses qui vous seront dites vous paraîtront banales, voire évidentes, mais j'ai pu constater que nombre d'entre elles, répétées et énoncées clairement avec des mots, ont cette faculté d'en faire prendre conscience et de nous le faire pleinement remarquer dans notre vie de tous les jours. Tous les supports sur la motivation, le business et le développement personnel que j'ai pu consommer et sur lesquels j'ai pu me former ont modelé cette nouvelle personne que je suis devenu et que personne n'aurait pu imaginer que je devienne.

Quand vos actions, vos réactions ou les échanges que vous entretenez ne ressemblent plus à ceux que vous aviez eus auparavant, c'est là que vous vous dites que "Ah ouais, quand même, il y a eu du chemin de fait ! Je n'aurais jamais réagi, dit ou fait ça comme ça auparavant !"

Je ne sais pas si c'est bien ou si c'est mal, mais personnellement, je trouve que ça m'a libéré d'un certain poids de vulnérabilité.

Le plus merveilleux pour moi maintenant, et c'est une des grandes raisons du pourquoi j'ai voulu écrire ce livre, c'est que j'ai souhaité m'investir pour vous transmettre toutes ces années que j'ai passé, centré sur mon développement, mon changement et mon parcours professionnel. Ce livre est clairement pour moi une bouffée d'air, un exutoire, que je me devais de vous partager. Que ce soit par de la connaissance, des expériences ou des compétences sur lesquelles j'ai pu passer d'innombrables heures, cette notion de partage et de transmission était pour moi un devoir et une évidence. Que vous appréciez le contenu de ce premier essai d'auteur ou non, sachez que de mon côté, je ne regretterai jamais ces nuits et ces journées passées à écrire ces lignes. J'ai mis tout mon cœur à l'ouvrage, passionné, j'ai fait de mon mieux pour retranscrire tout ce qui fourmillait dans ma tête.

D'ailleurs, une des choses les plus fabuleuses avec la connaissance, lorsque vous décidez de la divulguer après que vous ayez investi du temps pour l'intégrer, est qu'elle se multiplie dès lors que vous la partagez. Si vous donnez de la connaissance, vous ne sortirez pas plus bête une fois celle-ci partagée - de votre côté, jamais vous ne la perdrez. Vous allez par contre apporter de la connaissance supplémentaire à autrui et cette envie et cette bienveillance n'ont pas de prix ! Du moins, si vous n'avez pas raconté trop de conneries…

*Investir en soi et pour tous* est une manière de revenir sur cette notion de partage pour aussi aider les autres à se construire, à faire perdurer le savoir dans le temps et à participer au développement de ce monde par la même occasion.

Tout ça pour vous dire que l'investissement personnel à ce pouvoir de faire de vous une personne riche en tout point. Le temps que vous y consacrerez ne sera jamais perdu, mais vous sera rendu sous une autre forme. Ce temps passé sera le meilleur indicateur de la vie dont vous jouirez jusqu'à votre dernier souffle.

Libérez votre cerveau et devenez libre à tous les niveaux !

*"Aujourd'hui les gens qui détiennent du cash ou l'équivalent se sentent en sécurité. Ils ne devraient pas. Ils ont choisi le pire actif possible à long terme. Un qui ne paie rien et qui est certain de perdre de la valeur avec le temps."* - Warren Buffett.

# CHAPITRE 21

## TOUT LE MONDE N'EST PAS FAIT POUR VIVRE ENSEMBLE

N'avez-vous jamais remarqué que nos différentes manières de penser, nos réactions émotionnelles et spontanées, ainsi que nos difficultés à les gérer, ont tendance à entraver nos idées et à nous saper le moral ? Que nos différends peuvent bloquer notre spontanéité et nous enfermer dans une spirale de tourments de plus en plus difficile à se défaire ?

Que sommes-nous alors censés faire lorsque nous nous y confrontons ? Se mettre des œillères et les ignorer ? Acquiescer ce fardeau, s'oublier et prier pour que quelque chose vienne à notre secours pour nous en libérer ?

J'imagine que vous avez déjà été confronté à des désaccords particulièrement litigieux où les gens avaient différents points de vue et n'arrivaient pas à trouver de terrain d'entente sur leur façon de voir les choses ou sur ce qu'il serait bon de faire pour améliorer la situation. Des personnes pourtant intelligentes et bien intentionnées se mettant à grincer des dents, en colère et rentrant dans l'affect - ruminant leur vérité ou faisant la sourde oreille face à celle qu'on leur impose - ameutant les foules pour pointer du doigt le grand méchant loup de l'histoire. La frustration prend place et se transforme même souvent en affaire personnelle.

La plupart des entreprises tentent d'éviter cela en étouffant les discussions ouvertes, laissant place à des non-dits qui prolifèrent et enveniment l'atmosphère. Pour le coup, c'est simplement la personne ayant la plus haute responsabilité dans l'affaire qui doit prendre les décisions ; n'en déplaise à tous les autres.

Mais je ne voulais pas de ce genre d'histoire dans mon entreprise. Je savais dans ces moments que nous devions approfondir les raisons qui nous empêchaient de travailler ensemble plus efficacement, avec convivialité et respect, en mettant en lumière la source des problèmes pour avancer et coordonner nos intentions pour le bien de la société. Nos différences n'étaient pas forcément la conséquence d'une communication perdue, bien au contraire : ce sont nos différentes façons de penser et notre définition personnelle d'un mode de fonctionnement qui nous conduisait à une communication plus que bancale. Cela créait souvent des quiproquos d'une bêtise sans nom et des tensions invivables, jusqu'à ce que l'on prenne notre courage à deux mains pour mettre cartes sur table et crever l'abcès.

À partir de conseils et d'échanges que j'ai pu avoir avec d'autres entrepreneurs et de ma propre vision sur le sujet, j'ai appris que beaucoup de nos différences mentales sont d'ordre psychologique. Tout comme nos caractéristiques corporelles définissent les limites de ce que nous sommes capables de faire physiquement, nos cerveaux sont donc eux aussi naturellement différents, formés de divers systèmes établissant ce que nous sommes capables de faire et de percevoir mentalement. Tout n'est donc qu'une question de point de vue et d'interprétation de la réalité, pas de vérité universelle.

Une fois que j'ai compris que tout cela était purement psychologique et spontané, beaucoup de choses sont devenues bien plus évidentes pour moi. Même si je bouillonnais intérieurement et restais frustré par les choix et réactions incompréhensibles de certains collaborateurs, j'ai fini par réaliser qu'ils n'agissaient pas intentionnellement ou pour le plaisir de me contredire. Ils exprimaient simplement les choses telles qu'ils les voyaient, en fonction de la manière dont leur cerveau fonctionnait. J'ai aussi compris que, si j'estimais qu'ils se trompaient totalement, ils n'en pensaient pas moins à mon sujet ! La seule façon sensée de fonctionner entre nous, c'était de prendre du recul, en méditant intelligemment chacun de notre côté, pour parvenir à une compréhension mutuelle qui nous aiderait à répondre aux problèmes avec objectivité. Cela a rendu nos désaccords moins frustrants et plus rationnels, tout en nous permettant également de revoir nos attentes et nos objectifs, et d'en revenir plus fort et plus souder par la suite. Nous devions tous mettre de l'eau dans notre vin afin d'apaiser l'ambiance électrisante et d'éviter de faire imploser notre pourquoi nous avions à la base décider de travailler ensemble. Pas évident de canaliser les ardeurs d'indépendants, mais compréhensif lorsque l'on outrepasse les jugements avec humilité.

J'ai donc compris que tous les gens n'étaient pas connectés de la même manière, mais bien de façons très diverses et variées. Je restais fasciné de voir que les réactions les plus improbables pouvaient se produire devant moi. Des situations qui me paraissaient banales arrivaient à se métamorphoser en conflits d'intérêts où l'ego parlait. Dans certains cas, les mêmes choses étaient dites, mais de manière tellement différente que personne ne voyait que tout le monde était d'accord. C'est là qu'à vrai dire, je pense que ma progression est certainement tout autant due à ma compréhension du monde entrepreneurial en général qu'à ce que j'ai appris sur le fonctionnement du cerveau humain.

Nos neurones sont vraiment connectés de manière très divergente. De ce fait, nous percevons tous la réalité de façon différente, et chacune de ces façons singulières sont en quelque sorte faussées, car aucunement semblables et ni promues des mêmes vérités. C'est une chose que nous devons reconnaître et apprendre à gérer. Pas le choix, c'est un fait, pour le bon déroulement de l'histoire et de l'harmonie vis-à-vis nos semblables.

Si vous voulez donc savoir ce qui est vrai et ce que vous pouvez en faire, vous devez commencer par comprendre votre propre cerveau et entrer dans une phase d'adaptation en fonction des différents schémas de pensées. Une manière de dire qu'il est d'abord important de bien se connaître soi-même afin de pouvoir prévoir et anticiper tout ce à quoi on risque d'être confronté. Avoir un côté caméléon n'est pas un mal, mais une manière de pouvoir s'intéresser à toutes les personnalités. J'y reviendrai dans le chapitre suivant.

J'ai donc découvert une chose : même s'il est évident pour tout le monde que nous sommes arrivés sur terre avec des forces et des faiblesses bien distinctes dans des domaines tels que la lucidité, la créativité, la mémoire, le raisonnement, le perfectionnisme, etc., la constatation de cette différence est capable de mettre mal à l'aise même les plus expérimentés d'entre nous, nous obligeant à coopérer avec ce que la nature humaine a à nous présenter.

C'est bien pour cela qu'il est toujours plus facile d'éviter les confrontations ; pourtant, force est de constater que laisser couler des problèmes non réglés équivaut à faire dépérir nos rapports sur le long terme. Faites toujours de vos problèmes humains une priorité à régler ; non pas en édulcorant les solutions en les compensant par un soupçon de compromis, mais bien en allant au front, quoi qu'il en coûte à court terme, afin de dissoudre la source même du conflit. Toute vérité n'est pas toujours bonne à dire, mais laisser courir des problèmes est encore pire.

D'ailleurs, que ce soit en affaires comme en amour, c'est souvent sur des détails que les gens se déchirent. L'accumulation des petits tracas de la vie quotidienne vient remplir la marmite jusqu'à ce que le feu des tensions créées la fasse déborder. Ils en oublient alors l'essentiel du pourquoi ils se sont unis, se querellant jusqu'à en devenir ennemis. Leurs pensées sont pourtant à la base intimement liées par des principes et une volonté commune, mais leur ego ne leur fait pas lâcher prise. Sans ça, ce n'est qu'en ouvrant simplement les yeux sur la réelle importance de nos différends que l'on s'aperçoit que la plupart du temps ces détails sont insignifiants par rapport aux principes importants de cette union.

C'est en apprenant à prendre du recul et à regarder l'ensemble du tableau avec une certaine ouverture d'esprit que, même si rien ne sera jamais parfait, nous arrivons à analyser les fondements et la provenance réelle de nos soucis. Savoir se remettre en question désamorce souvent la situation…

*"Personne n'est parfait, mais il sera toujours plus intelligent d'admettre que nous n'avons pas toujours raison."*

Malgré tout, l'évolution individuelle de chacun ne pourra jamais établir une pérennité parfaite. J'ai eu l'occasion de vivre cette expérience d'un point de vue professionnel mais aussi personnel. Les concessions que j'ai pu faire à cette époque ne m'ont pas aidé à reprendre le contrôle sur cette vie idéale que je m'étais faite. À l'inverse, cela ne m'a fait que plonger dans un changement de comportement qui ne me ressemblait plus. Mes proches ne me reconnaissaient plus. Je n'étais plus moi.

Le problème lorsque l'on s'engage dans des principes de vie qui ne nous correspondent pas, c'est qu'on finit tout simplement par se perdre. On ne contrôle plus notre propre vie et on se laisse guider au gré des décisions que l'on nous impose. Le plaisir de vivre pour soi s'en voit rogner par les exigences des autres. La passion n'y est plus, et l'on se transforme en un outil qui a pour unique but de soutenir le bien-être des autres. C'est là que je me suis réveillé et que je me suis aperçu que tout le monde n'était pas fait pour vivre ensemble. Il était grand temps de faire quelque chose pour ne pas finir dans les abysses d'une dépression - qu'il était temps de reprendre la main sur mon existence.

Pour contrer cela, bien que ce soit parfois fortement douloureux, il est toujours temps de taper du poing sur la table et de dire stop. Il n'est jamais trop tard, quoi qu'il en soit, pour reprendre les rênes de votre destinée. Je dirai même plus, il est impératif et vital d'empêcher les gens de s'emparer de votre existence et de contrôler vos faits et gestes. Hors de question de vous faire manipuler au gré des humeurs de vos interlocuteurs. Vous devez impérativement chasser tout le négatif ambiant, quitte à définitivement vous défaire ou vous libérer des chaînes de cette nocivité environnante. Défendez-vous face aux ultimatums et aux chantages en tout genre. Il est de votre devoir de garder votre intégrité et votre ligne de conduite intacte, comme au premier jour de votre union ou votre collaboration, quelles qu'elles soient. Ne nourrissez jamais ce fonctionnement en vous laissant passer au second plan. Ne faites refléter aux yeux de votre entourage que l'image de ce que vous êtes sincèrement. On vous a connu ainsi, et malgré votre évolution, restez-le donc. Vous vous en remercierez que plus grandement quand il s'agira de voir à quel point votre épanouissement est important. On pourra tout de même vous reprocher d'avoir soi-disant "changé", mais peu importe, si c'est de votre volonté.

Il y aura toujours des moments où vous devrez vous remettre en phase avec des personnes, des choses à faire ou ne plus faire pour continuer à faire matcher la cohésion d'équipe et recalibrer les principes à respecter pour rester uni plus fortement. Si cela va à l'encontre même de vos principes les plus profonds, arrêtez net et engagez la discussion le plus tôt possible pour revenir sur vos fondamentaux. Encore une fois, plus vous attendrez, plus il sera compliqué d'y revenir. La balle restera toujours dans votre camp tant que vous ne céderez pas à la pression. Si c'est de vous qu'il s'agit, réveillez-vous ! C'est votre vie, pas celle d'autrui.

Ne vous en rendez jamais malade, la vie est à la fois trop courte pour subir et suffisamment longue pour en tirer des leçons et ne plus jamais y revenir. Et laissez-moi vous dire que le jeu de la plénitude et la recherche de la paix intérieure vos mille fois toutes les concessions que vous auriez pu faire en pensant pouvoir vous raccrocher à une cause perdue.

Délestez-vous du surpoids qui vous colle à la peau et remarquez à quel point vous avancerez plus vite. Larguez les amarres, hisser la grand-voile et prenez le large. Une plus grande aventure vous attend pour sûr ailleurs. La chasse au trésor humain est ouverte ; laissez-vous porter par le vent, à la découverte de ce nouvel environnement et cette nouvelle population qui vous attend. Aimez les gens et soyez aimé, mais faites-vous respecter. Soyez sympa, mais pas idiot.

## CHAPITRE 22

## LE CAMÉLEON

Force est de constater que mon attention se portait sur d'innombrables domaines d'activité, ma nature n'a pu choisir. Aucun cercle communautaire que je côtoie ne prend le pas sur un autre, et l'intérêt pour tous ces gens d'horizons différents m'enchante toujours autant. Je prends toujours autant plaisir à passer tranquillement d'une discussion à une autre, d'un groupe à un autre, d'une tribu ou d'un clan à l'autre. Tel un caméléon, je suis en mesure d'utiliser naturellement leurs codes et leurs langages appris avec le temps ou perçus sur le moment afin de me conformer et de me fondre naturellement dans la masse ou dans leur environnement.

Les gens s'étonnent souvent de la qualité de mon réseau, ne comprenant pas comment je peux intimement me lier d'amitié avec toutes ces personnes que je pourrais difficilement réunir au même endroit, au même moment. Mon entourage est composé de gens provenant d'horizons diamétralement opposés, mais avec lesquels je saurais toujours discuter. Pourtant, beaucoup affirment qu'effectivement son utilité est loin de laisser indifférent tant elle me permet à mon tour d'apporter des solutions à bien des personnes, de rendre service ou de mettre en relation les gens. Ce n'est pas quelque chose pour lequel j'ai travaillé intentionnellement ou cherché absolument à construire, c'est plus le résultat de ma curiosité et de mon ouverture envers ceux qui sont différents de moi et dans lesquels je me reconnais en partie. Cette curiosité m'a amené à m'intéresser à la vie et à la culture des autres, ce qui m'a rendu plus empathique et compréhensif.

*"Quiconque prend le temps d'apprendre à connaître les autres peut apprendre de l'expérience de vie qu'ils apportent avec eux."*

Un coup de téléphone, un sms ou une rencontre inattendue dans la rue, permet souvent de ressouder des liens importants pour ne jamais se perdre de vue. Je n'insisterais jamais assez sur l'importance d'avoir un bon réseau et de prendre le temps de le consolider. Ce n'est pas aussi fou qu'il n'y paraît, ce n'est juste que du temps et de l'engouement pour en apprendre toujours plus des gens. Rien de bien compliqué ou obligé, juste du temps à accorder.

Mon réseau est composé de personnes en tous genres, prêtes à me faire part de leur vision, de leurs idées ou de leurs expériences pour m'orienter dans la bonne direction. Lorsque j'ai besoin d'aide pour des conseils ou un projet, j'ai cette chance de connaître des personnes très talentueuses et cultivées. Nous échangeons souvent des conseils pour nous aider à réussir dans nos domaines respectifs ou simplement pour répondre à des questions précises.

Se sentir à l'aise de passer d'un langage soutenu à de l'argot dans la rue, permet de facilement se faire aimer, comprendre et respecter, sans créer de malaise ni de discernement social. Vous pouvez convoiter et apprécier l'amitié de n'importe qui, n'importe quand.

Vouloir s'intégrer dans cette société ayant la particularité d'avoir rapidement des avis de jugements, est comme se jeter tel un poisson combattant solitaire dans un banc de harengs. Les gens ont tendance à s'éviter, se toiser ou se jauger, avant de voir ou de comprendre pourquoi leurs chemins se sont croisés, même par simple curiosité. Ils se mettent instinctivement sur la défensive et ont tendance à s'écarter avant de chercher à savoir ce qu'ils pourraient en tirer de bon.

Certes, la curiosité n'est pas toujours bien vue sans montrer patte blanche. Je pense pourtant que cette curiosité peut être considérée comme un bon attribut lorsqu'elle est utilisée de la bonne manière et au bon moment. Elle vous motivera toujours à découvrir l'inconnu, tant que vous respectez la vie privée ou le travail d'autrui. Par conséquent, nous devons être conscients de savoir quand il est bon de se livrer à la curiosité et quand ce n'est pas le cas afin de maximiser ses avantages et de créer des liens parfois inimaginables, sans pourtant étouffer l'espace vital des gens.

De ce fait, l'étude et l'écoute active permettent de vous ouvrir des portes et d'y entrer en bonne et due forme, évitant tout de suite de se faire remarquer au risque de se tirer une balle dans le pied. Vous devez être capable de vous conformer à l'image que vous reflétez, afin de vous fondre dans les groupes dans lesquels vous souhaitez vous immerger. Cela dit, si vous voulez vous lier d'amitié avec quelqu'un ou vous intégrer à un groupe de personnes, il sera évidemment préférable que vous ayez des points communs avec eux. Une fois les premiers liens tissés et les signes d'une confiance naissante établie, c'est à la pêche à l'information et à la connaissance que vous accéderez. Les gens aiment parler d'eux, faisant de vous leur confident, alors écoutez et profitez-en à bon escient, évidemment…

## Apprendre des autres

La société est dynamique et nous sommes souvent confrontés à de nouveaux défis. Lorsque vous n'avez aucune idée de la façon de gérer certaines situations, il est préférable d'apprendre de ceux qui ont rencontré des problèmes similaires. C'est pourquoi, être en mesure de gravir au sein de plusieurs communautés vous donnera toujours un avantage sur ceux qui ne jurent que par leur petit cercle d'amis. En ayant cette ouverture d'esprit, mais surtout l'envie, chaque réponse aura le potentiel de vous être fourni par un de vos nombreux contacts, collègues ou amis.

*"C'est bien d'apprendre de ses erreurs. Il vaut mieux apprendre des erreurs des autres."* - Warren Buffett.

Profitez de ce que les personnes de votre entourage peuvent vous apporter. Ne vous restreignez jamais à en apprendre toujours plus des autres en vous limitant à une seule communauté. Prenez cela comme une chance de saisir des opportunités et d'élargir votre horizon et le champ des possibles. Impliquez-vous dans diverses communautés en essayant d'apprendre ce qu'elles ont à vous apprendre. C'est souvent un bon moyen et une variante à ne pas négliger pour chercher à développer votre savoir continuellement.

Être actif dans de nombreuses communautés peut vous aider à trouver votre créneau et des réponses plus rapides à toutes vos questions. Vous y trouverez aussi des personnes ayant des compétences, des pensées et des expériences différentes des vôtres qui pourront certainement vous être utiles ou vous donner de nouvelles idées à implémenter. Elles pourront partager avec vous leurs connaissances dont vous ne soupçonnerez peut-être même pas l'existence. Leurs histoires sont parfois très inspirantes.

C'est justement là que vous rencontrerez la puissance du cerveau collectif, ces émulsions venant de toute part qui ne pourront que vous servir. Même inconsciemment, elles vous fourniront les meilleurs axes de réflexions sans aucun effort de votre part.

Impliquez-vous, mais assurez-vous de choisir des communautés pertinentes et proches des sujets auxquels vous vous intéressez ou dans lesquels vous souhaitez apprendre. Vous pourrez parfois être surpris de ce qu'elles pourraient vous apporter comme idées. J'ai d'ailleurs eu l'opportunité d'échanger avec certains que l'on pourrait qualifier de "puits de science", des personnes extraordinaires dont je n'aurais jamais misé sur le fait qu'elles auraient pu m'apporter autant. C'est dans des moments comme cela, à boire les paroles de ces sages, tellement bouche bée à en gober les mouches, que je me suis vraiment dit que l'habit ne faisait pas le moine. Nous croisons certainement plus souvent que nous l'imaginons ce genre de personne dont on ne conçoit pas la hauteur de leur grâce et de leur sagesse. Nous vivons tellement à deux mille à l'heure que la plupart de ces rencontres nous échappent.

### Rester soi-même

Cela dit, quand je dis être caméléon, ça ne veut pas dire s'oublier et ne pas rester soi-même ! Bien au contraire, être caméléon permet justement d'être tout ce que l'on souhaite à la fois ; de pouvoir s'épanouir dans plusieurs domaines en même temps ; d'être tous les styles de personnes que l'on aime être et que l'on aurait tendance à ne pas dévoiler. Être caméléon, c'est aussi apporter son soutien aux autres, mais aussi solliciter une multitude de personnes en phases avec nous-mêmes. Être caméléon, ce n'est pas être personne, c'est être soi à plusieurs niveaux. C'est par exemple exister sans imposer toutes ses idées, pouvoir échanger et débattre sur des passions que tous les gens que vous aimez n'auraient peut-être pas. C'est être tout aussi à l'aise en festival qu'apprécier participer à des événements en costume cravate. C'est pouvoir se marrer à certains types de soirées, mais aussi pouvoir partager des moments calmes et diamétralement opposés dans des lieux où tous les gens que l'on connaît n'apprécieraient pas d'aller. Être caméléon, c'est pouvoir expérimenter de nouvelles opportunités, mais aussi pouvoir s'habiller différemment sans être jugé. Être ainsi, c'est être capable d'endosser n'importe quelle identité vous définissant ou d'exercer le métier que vous souhaiter en développant des capacités intellectuelles ou un savoir-faire qui en deviennent innées. Être caméléon, c'est finalement pouvoir se mouvoir librement dans une société qui se veut malheureusement très divisée…et de plus en plus sectaire…

## Libre mais jamais seul

En fait, le caméléon, c'est être libre. Libre de penser, libre d'être soi-même en toute sincérité, et ce, sans déranger. C'est connaître l'art d'être flexible et libre sans restrictions.

Même si vous n'êtes pas commerçant, entraîneur, coach ou dans tout autre domaine d'activité brassant un monde qui faciliterait vos rencontres, c'est aussi aller simplement vers les gens, d'oser chercher l'échange et la discussion partout où vous allez. Un simple sourire sincère peut parfois suffire pour engager la démarche. Que cela vous serve pour prospecter ou juste pour développer votre réseau ou vos amitiés, être caméléon vous sera toujours d'une aide utile, que ce soit pour votre évolution comme dans les moments compliqués. Vous ne vous sentirez jamais seul, sauf si comme je l'ai été, vous avez du mal à demander de l'aide ou un soutien quand cela est nécessaire.

Au-delà de l'utilité, croyez-moi, cela vous ouvrira l'esprit sur un monde bien plus riche que vous ne pourriez le penser. Sortez de votre cocon ou de votre meute et tentez l'expérience. Qu'auriez-vous à perdre d'aller échanger avec quelqu'un qui ne vous connaît pas, mais que vous savez qu'il pourrait vous fasciner ? Au pire, vous ne le reverrez jamais, au mieux, vous aurez osé et peut-être construit les prémices d'une connexion qui durera quelques années.

Dans tous les cas, croyez-le ou non, c'est en vous intéressant sincèrement aux gens que vous obtiendrez leur véritable amitié, et non en vous donnant en spectacle devant eux pour les obliger à s'intéresser à vous.

## Ne pas être intrusif

Vous connaissez certainement les personnes dont je vais parler. Les "Moi-Je" comme j'ai tendance à les appeler. Ce sont eux qui vous font toujours sortir de votre chemin pour vous décharger leurs histoires souvent ennuyeuses. Ce sont eux qui veulent vous raconter chaque détail de leur vie, même si c'est banal et assommant, vous forçant parfois à écouter leurs monologues interminables. Même avec la plus grande empathie, l'abus se fait ressentir. Ce sont des gens auxquels personne ne prête attention ou avec qui on redoute les interactions. Mais pour certains, c'est un mode de vie. Ils passent tout leur temps à essayer de gagner l'approbation des autres, mais malheureusement, cela ne fonctionne que rarement et, dans certains cas, ne fait qu'alimenter un ego impossible à satisfaire. Nous connaissons tous ce genre d'individus voulant désespérément que les autres se soucient d'eux. Ceux qui ont faim d'affection et d'admiration et qui finissent par faire des choses qu'ils regrettent. À mon humble avis, ce n'est pas de cette manière qu'elles réussiront à s'intégrer dans les groupes qu'elles pensent être des leurs ou méritent de faire partie. Ce sont des gens à fuir, qui pour la plupart ne vous feront que perdre votre énergie et votre précieux temps…

*"Si nous nous efforçons seulement d'impressionner nos semblables, d'attirer leur attention sur nous-mêmes, nous n'aurons jamais beaucoup d'amis sincères. Les amis, les vrais amis, ne se gagnent pas ainsi."* - Dale Carnegie.

C'est donc en montrant de l'intérêt et une admiration sincère à quelqu'un que vous gagnerez sa sympathie.

*Une légende, c'est le fait d'assimiler une identité fictive qui permettra de s'infiltrer en milieu hostile, afin de déjouer les menaces et les complots formatés contre les intérêts d'un état et de ses citoyens.*

*Au-delà de ces exemples concrets, il existe le caméléon du quotidien, une personne lambda qui, de par ses facultés et de ses connaissances, peut naviguer entre toutes les strates socioculturelles de notre société, sans rentrer dans une caste particulière, mais en cochant toutes les cases sans qu'on ne prête particulièrement attention à lui.*

*Cette personne peut en instant passer du "wesh ma gueule" avec des jeunes de quartiers, disserter avec une pseudo-élite des théories de Nietzsche sur la volonté de puissance, conçue comme création et plénitude vitale et affirmation éperdue de la vie… Un verre d'eau et deux Doliprane, please.*

*Concrètement, le caméléon à cette faculté d'adaptation, sans jamais se mettre en avant, mais surtout, ne cherche pas à rabaisser le plus faible. Au contraire, par esprit de défi, il voudra montrer à celui qui le dédaigne qu'il est sont égal.*

*Attention, le caméléon, par excès de confiance, pointé d'un soupçon d'arrogance, aura tendance à se fourvoyer.*

*Mais le caméléon à une aptitude qui prédomine, de par sa faculté d'adaptation, à louvoyer entre les différentes couches de la société. Il permet de faire se rencontrer, de faire matcher des individus qui, sans son intermédiaire, auraient pu ne jamais se rencontrer… Le caméléon est le Meetic des relations sociales, intergénérationnel et multiculturel.*

*Le caméléon n'est pas en demande d'interactions, elles viennent naturellement à lui du fait de sa personnalité, de son écoute, de son jugement et de son empathie.*

*À l'inverse, ce pluralisme relationnel peut faire dire au caméléon qu'il est socialement inadapté, du fait qu'il n'a pas une place réservée dans un milieu défini, ce qui est pourtant l'essence même de l'être humain, savoir qui je suis, ou je vais, mais suis avec qui... C'est le principe même des études sociologiques, que la socialité des normes nous imposes, comme mettre des talons...*

*Nous caméléons, nous avons cette chance, cette faculté et se pouvoir de dire non à l'ordre établi, de dire oui à la différence, de vivre comme nous l'entendons, en claquettes-chaussettes avec nœud papillon. De par nos aptitudes, nous pouvons faire tomber les barrières de l'ordre du social.*

*Nous sommes cette Ovni (pas JuL) mais vraiment le truc "chelou" qui se balade partout, qui passe "crème" et qui fait finalement dire : "ce n'est pas un Ovni, c'est un caméléon ce con".*

*Le caméléon aura toujours ses détracteurs, qui sont simplement des étroits d'esprit, engoncés dans leur carquois d'idées préconçues et réfractaire aux mélanges des genres.*

*En conclusion, le caméléon est le genre de personne qui peut, si elle le veut (car le caméléon a besoin d'objectif), faire bouger la société sur le plan économique, social et culturel ; car oui, le caméléon est avant tout un rassembleur et un alchimiste qui œuvre pour le mélange des genres.*

*Un type a dit un jour (Lavoisier) : "Rien ne se créé, rien ne se perd, tout se transforme"... Le caméléon en est le liant.*

*Inch Allah, si ces quelques lignes vous auront fait prendre conscience de votre infini potentiel.*

*Frantz-Carl Guérin*
*Formateur - Dockers professionnel.*

CHAPITRE 23

## COMBATTRE LA PARESSE ET AGIR

Avant de vouloir vivre libre, il faut apprendre à se lever. Se lever non pas pour aller jusqu'au canapé, mais bien pour agir. Agir même quand les matins sont difficiles, même quand rien ne va et que le moral n'y est pas.

Agir, c'est aussi ne pas manquer de souplesse pour se mettre un grand coup de pompe au derrière. C'est aussi de se promettre de ne jamais induire en erreur et fausser nos bonnes habitudes de productivité pour laisser place à une once de flemme et de médiocrité.

Savoir agir avant d'avoir la réponse ça veut dire y aller maintenant, commencer inopinément, sans savoir si nous sommes prêts ou si c'est le bon moment. C'est se rappeler que procrastiner ou se laisser trop de temps, c'est épuiser notre ressource pour vivre serein plus longtemps.

Connaître le sens du mot agir, c'est se lever avant même que votre montre connectée ne vous le dise et partir courir sans que personne n'ait besoin de vous sortir du lit. C'est également prendre conscience que personne ne viendra sonner à votre porte pour vous dire qu'il est l'heure que vous concrétisiez vos objectifs pour avoir l'opportunité un jour de réaliser vos rêves les plus fous.

Prendre l'initiative d'agir, c'est avoir l'audace de se confronter immédiatement à toutes les difficultés que la vie nous inflige. C'est avoir suffisamment de confiance en soi pour mépriser tous les obstacles qui osent entraver notre chemin ; combattre sans peur et sans déni nos responsabilités afin d'accroître notre évolution.

Enfin, comprendre qu'agir en masse et sans attendre "le bon moment" permet d'acquérir un pouvoir cognitif et de raisonnement défiant les lois de l'entendement. Il n'y aura jamais de bon, de mauvais ou de meilleur moment, il faut agir maintenant.

Plus vous agirez même en improvisant, plus les défis vous sembleront simples et évidents. Peu importe ce à quoi vous vous confronterez, vous resterez persuader de toujours trouver la solution d'une façon ou d'une autre. Vous en ferez pâlir plus d'un et certains iront même jusqu'à vous traiter d'inconscient.

En agissant de la sorte, vous ne reculerez plus devant rien, car vous saurez que ce soi-disant "rien" est en fait synonyme de voir s'éloigner votre liberté. Cette liberté si chère à votre cœur, damnant toute flemmardise mal placée.

Tristement, certaines personnes préféreront renoncer à cette liberté en échange de l'illusion de la paix et de la sécurité. C'est généralement le cas lorsqu'ils sont confrontés à une sensation d'insécurité sociale et économique, afin d'apaiser leurs craintes de perdre certains privilèges ou d'un quelconque statut obtenu. Autrement dit, face aux incertitudes de leur environnement, certaines personnes préfèrent avoir un faux sentiment de sécurité que rien du tout - normal, vous me direz - même si cela signifie perdre ce qu'elles ont maintenant en échange de la sécurité et de la prévisibilité de leur avenir. Personnellement, je ne crois pas en cette supercherie qu'ils s'infligent. Les faux-semblants tétanisent les gens, les guident souvent loin de leur rêve, alors qu'à deux pas de là où ils restent recroquevillés, se trouve le courage d'avancer et de tout faire changer. Cela nourrit souvent de fausses excuses et limites leurs agissements pour trouver les solutions qui leur feraient prendre un nouveau tournant.

J'ai bien connu cela, pensant qu'il était nécessaire d'avoir des mois d'avance sur mon compte en banque pour des soi-disant moments difficiles ou assurer le changement, plutôt que de me donner corps et âme dans des projets dont j'étais persuadé qu'ils pourraient tout changer. J'avais perdu mon courage d'agir et de m'ouvrir aux opportunités pour soi-disant me rassurer ; ce n'est pas pour autant qu'en cette période cela m'a fait avancer… ni sauvé.

Et puis il y a ceux que vous connaissez peut-être aussi, ceux qui vous disent que ce n'est pas le moment, qu'ils verront ça quand ils auront le temps. Ceux qui pensent qu'ils doivent finir leur carrière, enfermer dans l'espace-temps, avant d'agir pour être libre et réussir financièrement. Ceux qui repoussent par flemme et qui "un jour peut-être" s'y mettront, pensant qu'il est nécessaire d'attendre encore et encore ce "bon moment" pour se concentrer uniquement sur les actions nécessaires à leur épanouissement. Mauvaise organisation ou manque de temps ? Je ne le pense pas toujours.

Lorsque vous comprendrez cela, vous arrêterez de vous brûler les méninges avec ces conneries de détails en tous genres. Vous arrêterez de tourner en rond à vous poser mille et une questions. Vous n'attendrez plus les réponses à toutes vos interrogations, mais irez sonner à la porte de votre instinct pour chercher à prendre la bonne direction. Vous oserez vous imposer comme figure d'autorité et vous vous engagerez spontanément pour croquer la vie à pleines dents sur le chemin qui vous attend. Canalisez vos angoisses et lancez-vous maintenant !

En reprogrammant votre cerveau de la sorte, vous lèverez chacune de vos barrières mentales et répondrez présent là où votre corps aurait eu une préférence à s'opposer à ce qui est essentiel en vérité. Car croyez-moi, se dire avoir "la flemme" quand cela se doit d'être fait ou important, c'est laisser libre champ à un manque de discipline, au laisser-aller, au compromis, et pour finir, au regret de ne pas avoir agi.

J'ai longtemps grincé des dents en voyant des gens talentueux ruiner leur avenir par flemme d'agir. Des gens qui se contentaient de la médiocrité d'une vie qu'il désirait garder comme un long fleuve tranquille alors qu'ils avaient amplement le potentiel pour obtenir tout ce qu'ils voulaient réellement dans leur existence. Un avenir radieux les attendait, mais par flemme et par manque de courage de se bouger, ils laissèrent partir à la dérive leurs plus grandes idées. Bien malheureux de voir que des rêves sont amenés à s'évaporer dans la nature par manque de hargne et de motivation. Ces fabuleuses idées ne verront jamais le jour, car à vouloir être servi gratuitement d'un plat déjà tout cuit pour se faciliter la vie, aucun ne cherchera à apprendre d'eux-mêmes la recette.

Les idées déclenchent la magie d'opérer, mais aucune formule ne vous sera fournie si vous n'allez pas vous-même les chercher. Il ne suffit jamais de parler, mais bien d'agir à hauteur de celles-ci. Vous ne connaîtrez jamais toutes les réponses à l'instant "T", mais est-ce une bonne raison pour reculer et les laisser filer ? Pourquoi se préoccuper de tout le cheminement avant même d'avoir commencé ? Quoi que vous fassiez, il n'y aura jamais de numéros à relier pour dessiner et faire apparaître concrètement tout ce qui se passe dans votre imagination. Aucune check-list ne vous sera tendue pour vous offrir la formule rapide vers l'indépendance et la réussite. Aucun livre, pas même celui-ci, vous dévoilera une seconde lecture ésotérique pour vous téléporter vers la richesse ou le succès. Ce n'est donc pas en restant le cul posé sur un divan, à scroller le fil Instagram de ceux qui ont réussi, que vous découvrirez les secrets occultes qui ont fonctionné pour eux.

Ce n'est pas parce que vous n'avez pas toutes les réponses qu'il faut vous bloquer et vous restreindre pour agir - et encore moins en fabulant sur vos idées les plus folles, en espérant qu'un génie apparaîtra pour les réaliser en claquant des doigts !

*"La chance n'existe pas, elle se mérite."*

Quand vous dites "j'aimerais essayer", demandez-vous avant "comment" vous pourriez vous y prendre pour le faire, et tester concrètement.

Que faudrait-il que vous sachiez en amont ? Que faudrait-il faire pour vous y engager ? Que faudrait-il changer pour être plus motivé ?

Chaque fois que vous résoudrez un problème ou trouverez une solution, vous vous verrez passer des niveaux comme dans un jeu vidéo. Vous prendrez de l'expérience, de l'assurance, et c'est à ce moment-là que vous découvriez qu'en agissant plutôt qu'en observant ou en critiquant, vous-même deviendrez cette personne que vous avez eu tendance à idolâtrer passivement ou jalouser secrètement.

Lorsque j'ai vendu ma première société et pris la décision de prendre un tournant radical pour me retrouver dans des activités que je savais me correspondre réellement à ce moment, j'ai pu constater que j'avais tout à reconstruire. Je repartais du point zéro, je n'avais pas toutes les compétences requises et le travail à fournir allait être bien au-delà de ce que j'avais pu imaginer. Effectivement, j'ai bien eu cette montée d'adrénaline, cette sensation d'être perdu dans le néant, cette phase de latence exaspérante en me disant : "c'est bon, j'ai de quoi voir venir, je peux prendre le temps !" Fausse excuse pour procrastiner et retarder ce moment d'agir massivement pour se remettre sur les rails et reprendre la direction de mes ambitions.

Alors j'ai agi.

Agis de la sorte, agis de manière à engager les hostilités avec ferveur et conviction. Agis pour moi, mon avenir et ma famille. Agis pour ne pas me laisser divaguer dans les flots vers une terre inconnue au risque de me perdre et d'oublier mon "pourquoi" j'avais pris ce risque. Agis massivement pour garder éveiller l'âme de l'entrepreneur qui me guide.

Pour reprendre les mots d'un ami ayant eu connaissance du fait que je n'avais pas pris le temps de partir en vacances entre-temps : "Rudy, c'est la retraite la plus pétée que j'ai jamais vue !"

Explosion de rires, mais il avait raison…

Impossible pour moi, même en imaginant devenir rentier l'espace d'un instant, de me laisser porter par le vent, au gré des destinations en suivant les saisons.

Être libre géographiquement, être libre de ses mouvements, ne veut pas dire perdre la flamme d'un nouveau projet qui vous inspire, ni une raison pour repousser au lendemain ce qui peut être réalisé maintenant. Récolter bientôt, pas plus tard, car il sera peut-être effectivement trop tard. Il n'y a pas d'âge pour apprendre, pas d'âge pour entreprendre, mais la vie est limitée, alors que vos rêves peuvent perdurer… ou ne jamais exister.

# CONCLUSION

## SANS LIMITE

S uite à cette histoire, j'ai aujourd'hui le privilège d'apporter mes conseils et mon soutien à de nombreux entrepreneurs et futurs-entrepreneurs. Je mets en corrélation toute mon expérience entrepreneuriale afin de les propulser sur le chemin de l'épanouissement et de la réussite. J'ai pris l'initiative de proposer mes services aux entrepreneurs de demain afin qu'ils puissent à leur tour faire évoluer leur vie professionnelle et en vivre sereinement. J'aide celles et ceux qui désirent se reconvertir ou se lancer sans même avoir d'idées, et pour les plus aguerrit, mettre en place des solutions pour faire évoluer leurs activités. Pour certains, vivre de sa passion, c'est bien - pour ma part, en vivre décemment, c'est mieux. Pouvoir gagner un temps précieux, c'est super, éviter de nombreuses erreurs, c'est l'idéal. C'est donc par le biais d'échanges et de rencontres que j'ai pu mettre en évidence les problématiques les plus fréquentes de tout entrepreneur qui souhaite percer dans son domaine. Cette demande croissante m'a fait constater que les problématiques de mis en place et de développement étaient récurrentes et souvent les mêmes.

À côté de cela, je continue sur mon chemin, consolidant cette liberté qui m'a toujours fait rêver. Mes projets évoluent et je continue d'arpenter les sillons de ce monde sans prétention. L'entrepreneuriat me colle à la peau et je ne muerais jamais pour une autre carrière. Quoi qu'il puisse arriver, je sais désormais où est ma place. La vie est longue et fastidieuse, mais aujourd'hui, je ne pourrais contredire toutes celles et ceux qui disent que rien n'est impossible. Cette phrase, qui peut paraître bateau et que je vous partageais dès les premiers mots, n'est effectivement pas une formule magique, c'est pour moi un mantra qui me motive tous les jours à sortir de ma zone de confort, à contredire mes croyances limitantes et à briser les barrières en direction de mes ambitions.

Sachez une chose : tout ce que j'ai pu écrire à la première personne ici, je vous le dis pour vous aussi - pour que vous puissiez vous immerger et vous identifier à ces mots - vous motiver et vous sortir la tête de l'eau - pour vous extirper du tréfonds des problèmes que vous pouvez rencontrer et que vous pensez ne pas pouvoir surmonter. Tout ce que j'ai tenté de vous expliquer ici n'est autre que ce que j'aurais aimé que l'on puisse m'inculquer bien plus tôt. Des astuces et des techniques pourtant faciles à comprendre, mais que si elles ne vous sont pas dites, ne feraient aucunement l'objet d'un intérêt quelconque à implémenter dans sa vie. Il y a bien des choses que l'on sait déjà, mais si on ne les lit ou ne les entend pas, on ne prête guère attention qu'elles sont pourtant déjà bien là.

L'état d'esprit dont je vous fais part est en partie le résultat de centaines d'heures le nez dans les bouquins ou devant un écran à apprendre ce que j'aurais aimé savoir bien avant. Ce sont des milliers d'heures sur le terrain à comprendre, mais surtout à expérimenter ; car oui, malgré tout ce que vous pourriez entendre, il est absolument certain que rien ne remplacera le fait d'agir, de passer à l'action et de créer son propre schéma d'implantation.

C'est pourquoi j'ai pris l'initiative ici de vous livrer en toute humilité le processus que je mets systématiquement en place lorsque je lance un nouveau business. J'ai souhaité, quoi que l'on puisse en penser, vous partager l'évolution de mon état d'esprit - ma vision du monde, ma façon d'agir et de réfléchir - de vous donner accès à mon point de vue très personnel que je ne demande aucunement que l'on approuve.

Loin de moi l'idée que cet axe de réflexion soit celui qui vous correspondra le mieux, mais ce système de pensée aura eu le mérite d'avoir fait ses preuves en mettant en lumière une organisation claire et limpide pour ni plus ni moins se lancer dans les affaires avec l'état d'esprit entrepreneurial d'une personne lambda qui souhaite réussir. Ce cheminement ayant été approuvé et éprouvé, c'est aussi en résumant mon existence et mon parcours que j'ai voulu écrire tout ce qui bouillonnait en moi depuis des années. Au-delà d'entreprendre ce projet d'écrire un livre qui me tenait à cœur, j'ai ressenti cette expérience comme un devoir que je me devais de vous partager. En effet, cette histoire ne parlera pas à tous, mais elle aura le mérite de faire parler d'elle. Au mieux, elle changera des vies, au pire elle laissera une petite trace de mon passage sur cette terre et un héritage pour ma fille, ma famille et les générations qui en suivront.

Tout n'est pas encore dit ici, mais j'espère que cette première entrevue vous donnera matière à réfléchir, à rebondir, à vous donner l'envie d'aller plus loin, de frapper plus fort, de vous faire sauter du lit pour mettre en œuvre vos plus grands projets de cœur, ceux qui brûlent d'impatience de voir le jour et dont vous n'avez pas encore osé enclencher. Je veux que ces lignes vous donnent l'envie de vivre la vie qui vous inspire, qu'elles vous donnent la force de vous relever, de prendre conscience de toutes les possibilités qui vous sont offertes, mais que vous laissez encore passer. Je veux que vous puissiez un jour vous dire que votre courage, votre persévérance et votre patience auront payé. Je veux que vous transformiez vos peurs en force et vos rêves en réalité, que chaque nouveau jour que vous vivrez soit une opportunité pour tout déchirer.

Vivez heureux, combler et que vos affaires prospères, afin que vous ressentiez l'abondance que vous méritez. Faites en sorte que votre vie déborde de réussite et que vos échecs se transforment en expériences que vous pourrez utiliser pour mieux rebondir et avancer. Ayez le courage de les partager à votre tour, pour que d'autres soient guidés, afin de mener à bien leur histoire en évitant toutes les erreurs que vous auriez pu commettre par le passé.

La vie est généreuse, à vous de trouver le chemin qui vous appartient d'emprunter. Continuez à progresser sur la voie du succès et n'ayez crainte, l'univers à un plan pour chacun d'entre nous, il saura vous guider et vous apporter les signaux pour que vous puissiez, dans l'action, vous transformer en la personne 2.0 que vous vous devez de devenir. À vous de jouer la carte du tout pour le tout sans perdre une miette des 86400 secondes qui vous sont offertes chaque jour.

Je ne suis personne pour vous dire ce que vous avez à en faire et je ne me permettrais jamais d'en juger, mais si je peux participer à vous motiver pour vous aider à extraire le meilleur de vous-même, à faire de vous des personnes comblées et épanouies, croyez-moi comme je crois en chacun de vous, ce sera une grande réussite.

Anticipez tout ce que l'avenir vous réserve, prenez le taureau par les cornes et maîtrisez l'art de l'épanouissement au travail. Devenez le BULLDOZER qu'on ne peut arrêter. Comblez-vous de joie, même dans les problèmes et l'adversité, pour faire de votre univers professionnel un espace de prospérité.

Je vous souhaite de tout cœur de résoudre votre quête vers la liberté.

*Ainsi ai-je parlé.*

# REMERCIEMENTS

J e ne saurais comment infiniment remercier tous mes chers amis et entrepreneurs - à vous qui m'avez offert de votre précieux temps pour jouer le jeu de vous ouvrir et vous impliquez dans ce premier ouvrage. Merci de tout cœur pour votre aide, votre soutien et vos conseils bienveillants, je vous suis d'une grande reconnaissance.

Merci également à tous ceux qui ont contribué de près ou de loin à mon histoire - à vous qui avez rendu possible le fait que je puisse partager une partie de mon chemin de vie - à vous que j'ai pu aimer comme pardonner, mais qui resterez une part indissociable de ce que je suis aujourd'hui.

Merci à vous qui avez eu la curiosité et l'audace de lire ce livre jusqu'au bout. Je compte à présent sur votre contribution pour transmettre ce message et cette philosophie. Sans vous, tout s'arrête là et le monde s'oublie.

Et merci à ma fille, mon extension, ma source de vie, de me donner la force et le courage de garder chaque jour en tête ce pour quoi je me bats.

Merci.

@RUDY_N.A